《中小学管理》25 年文选

学校管理者的五堂必修课

XUEXIAO GUANLIZHE DE WU TANG BIXIUKE

沙培宁 柴纯青 ○主编

教育科学出版社

·北京·

学校管理者的五堂必修课 编委会

◎ 主 编

沙培宁　柴纯青

◎ 副主编

曾国华

◎ 编委会（按姓氏笔画）

柴纯青　曾国华　沙培宁

许丽艳　谢　凡　孙金鑫

目 录

第三堂课 | 研究学生

第四堂课 | 领导教学

第五堂课 | 创意管理

前　言

在罗恩·克拉克学校的首次教职工大会上，学校创始人、"美国年度教师"罗恩·克拉克问他的团队："是谁领导着这所学校？是家长，是学生，还是我们？"全体教职工都说："是我们。"克拉克提醒大家："如果是我们掌控着这所学校，那我们就不能把学校发生的任何事归咎于家长和学生，就应该把学校改造成理想的服务于学生的样子。"

听了克拉克的这句话，不知中国的教育工作者有何感想。

教育是复杂的。

教育的复杂来源于人的复杂，来源于这个复杂多变的时代，来源于这个缺失信任感的大环境。我们常常面对"业余看法"、"外行领导"，在各种挑剔的目光注视下，在扑朔迷离的现实状况下，我们常常无所适从，找不到回归之路。

于是，好像是积重难返，又好像是一不小心，教育被弄坏了，学校被轻贱了。

诚然，"教育并不是孤立性的事业，与其他部门都有牵连。可是，教育绝不是附庸性的事业，对于辅导下一辈人的发育成长，他负着最直接的责任"（叶圣陶）。我们也常说："我们改变不了大环境，但可以营造自己的小气候。"

那么，就让我们一起来创造好的小气候吧。

这是一本献给学校管理者的书。它提供了一些思想、智慧和策略，希望能给读者一点点帮助，帮助大家成为更加专业、让人们信

服的管理者，在复杂的教育现实中游刃有余。

我们希望，我们选择的文字，能有助于学校管理者"大气"起来，遵从内心的指引，不天天左右环顾、事事察言观色；能"自觉"地"明自我"、"明他人"、"明环境"，"寻找自己专业领域的制高点"，过一种研究的生活；能管理好时间，不整天被杂事包围，不辨方向，做了一件又一件事，却从未尝到教育的真滋味；不仅有维持力，让学校运行得流畅高效，还有颠覆力、创造力，让学校可持续地发展。

我们希望，我们选择的文字，能有助于学校管理者读懂教师，用凯普的"自驱力"思想重新激活他们的热情，挖掘他们面对工作时那份激动人心的力量；借鉴彼得·德鲁克的"有组织的舍弃"思想，在对教师的新要求不断叠加的今天，努力为教师"舍弃"已不再必要的工作负担；帮助教师诗意地栖居在教育大地上，对幸福敏感，对压力钝感，安安静静读书，认认真真教书，从容收获职业幸福。

我们希望，我们选择的文字，能有助于学校管理者了解学生，并老老实实"把学生当学生"，以人性的成长为中心，让学生有个性、有灵性；老老实实回到教育的原点上，把孩子们的身体健康放在第一位，不放弃长跑，不让他们做所谓的"东亚病夫"；让学生的兴趣绽放，有浪漫的生活，可以跑一跑，也可以停一停。"真正的教育不只助你建功立业，还能帮你理解人生。"（克里希那穆提）谋生与生活，虽一字之差，却有天壤之别，我们要努力让学生"过一种幸福完整的教育生活"。

我们希望，我们选择的文字，能有助于学校管理者领导教学改革，"常听课"、"会评课"，因为"改革不仅仅发生在课堂上，但没有发生在课堂上的改革，绝对不是真正的改革"。

我们希望，我们选择的文字，能有助于学校管理者进行创造性的管理，集中大家的智慧，"把正确的事做正确"；制定更好的议事规则，让学校的各种会议开得更有效；知道如何与媒体沟通，如何公开学校的危机信息……学校管理者的人生必将因学习、发展和创造而闪亮起来。

叶圣陶先生曾在《如果教育者发表〈精神独立宣言〉》一文中提到"一战"时罗曼·罗兰、爱因斯坦、罗素、泰戈尔等人为抗议欧洲文化界在战争中各自"报效祖国"的丑行而签署《精神独立宣言》之事，他说，教育工作者的终极目标是"为万世开太平"，虽说万世多么久远，太平多么艰难，但不能不开其端、立其基，不能不一点一滴地实干，"大群的教育工作者都来干他们自己的，未尝不可以转移风气，挽回世运"。

以此与读者朋友们共勉。

中小学管理杂志社

2012 年 11 月 21 日

第一堂课
成就自己
CHENGJIU ZIJI

校长要做三件事
——读《哈佛商业评论》一篇文章有感

陶西平

我上小学的时候，体育老师教跳高，就是抬腿、过杆、落地的"骗腿式"，老师一招一式教得很认真，谁掌握得好就跳得高。上初中的时候，老师教剪式和滚式。高中的时候，老师教俯卧式，从助跑、起跳、过杆到落地，一步步训练。随着新姿势要领的掌握，我们的跳高成绩不断提高。成年以后，我又见到更先进的背越式跳高，但自己已经没机会学了。

最近看到一份资料，才知道剪式跳高出现后，哈利·波特1908年将奥运会跳高纪录提高到1.905米。此后，每一种新姿势被运用后，奥运会的跳高纪录都被刷新。到1996年奥运会时，查尔斯·奥斯丁用背越式创造了2.390米的新纪录。所以，有人将跳高的发展历史归纳为：努力把握已知的最佳模式，同时发现其不足，在此基础上创造出更好的模式。

《哈佛商业评论》刊登了一篇文章，题目是"CEO必须做的三件事"。文章提出，有远见的CEO必须做三件事，这三件事正是被跳高的发展历史所证明的：一是管理现在，二是有选择地忘记过去，三是开创未来。文章指出，公司若想经久不衰，就必须使自己的维持力、颠覆力和创造力保持恰当的平衡，实现这一平衡是CEO的首要任务。

由此我想到，成功的校长不也必须把做好这三件事作为自己的首要任务吗？

一要管理现在，就是要有维持力，要维持现有模式的日常执行。维持性工作做得出色，运行起来流畅高效，学校就会成为一部精良的机器，有条不紊地运行，产生良好的效益。所谓维持力，就是维系、保持

·3·

的能力。有些校长目标意识很强，而落实意识相对淡漠。他们热衷于制定宏伟的目标，却不认真或者不善于将这些目标转化为有效的组织行为，甚至朝令夕改。有些校长自己虽有工作热情，却没有调动起全校师生的积极性，没有通过协调，使各职能部门形成合力，结果不是事倍功半，就是矛盾重重。当然，还有些同志上任之初对学校现状还没深入了解，就急于提出一套改革主张，不仅改革难以推进，而且现行秩序也被打乱。所以，维持不是保守，而是努力把握现在，以创造最好的绩效。

二要发现问题，就是要有颠覆力。许多校长往往只注重做好当前的工作，而不正视学校存在的潜在风险，不关注影响学校未来发展的问题。他们忙于应对众多的短期压力，处理眼前繁杂的事务，学校管理只依靠多年积累形成的一些固有的观念和经验。这些固有的观念和经验往往会变成一种非常强大的"组织记忆"，从而形成学校的单一文化。有时，这种"组织记忆"对于维持传统和现状也许会有帮助，但却难以使学校应对各种非线性变化，以致在问题严重、矛盾激化时不知所措，更谈不上开创新的局面。所以，校长必须善于记忆，但同时又必须善于有选择地忘却；要善于发现学校必须抛弃的东西，包括善于否定自己曾经倡导过的东西。

三要开创未来，就是要有创造力。开创未来就是要通过改革实践，清除发展的障碍，设计并实现新的发展目标。现在，学校都站在落实《国家中长期教育改革和发展规划纲要（2010—2020年）》以及"十二五"规划的新的起点上，都处在转型的过程中，这就要求校长要有远大的抱负、革新的勇气、求实的态度和坚韧不拔的毅力。通过改革创新，使学校的教育思想、管理体制、教育内容、教育方式方法不断达到新的高度。

校长要做的这三件事，并不分先后。为了学校眼下的工作和未来的发展，校长必须同时关注这三件事。发现问题和开创未来，并不是以后才要做的事，而是从一开始就要做好准备，做到三者的协调一致。

　　《哈佛商业评论》中讲了一个很有意思的巧合。印度教虽然是多神教，但主要有三大神：毗湿奴——维持之神，湿婆——毁灭之神，梵天——创造之神。印度教的哲学认为，苍生万物就生活在这维持—颠覆—创造的平衡互动之中。这的确又给我们添了一个新的视角。

（作者为国家教育咨询委员会委员）

校长今天应该怎样学习？

叶澜

我很喜欢研究的生活。我觉得这样的生活非常丰富，非常有价值，因为能看到人的变化，而这正是教育最根本的价值。如果教育进行了半天，人却没有改变，只是做完了一件又一件的事情，那你就没有尝到教育的真滋味。

在当今社会中，个人的终身学习到底是怎样的概念？有的人认为，所谓终身学习，就是不仅读到大专，而且要读到本科，再读到硕士、博士，以至留学；有的人认为，我自己集中地搞一些研究，在研究中学习；还有人认为，我在工作中，一面做，一面学习。我理解的终身学习，就是把整个的人生、所有的生活都变成有学习意义的生活。不要把学习看做是很刻板的事，认为只有在读书、听报告、思考专门问题时才是学习。实际上，你需要抱着一个开放的心态，不断地对自己有更多的认识，包括自己的长处和缺点、自己的成就和不足。一个开放的心态，一种认识的需要，一种对发展的追求，这三者结合起来，生活就会变成学习。这种学习可以和生活互换，是一种广义的学习。这样的人生才是学习的人生。学习的人生也是发展的人生，同时会产生一种创造性的结果。所以，学习的人生也是创造的人生的基础。对创造的追求就是对超越的追求。如果我们这样理解学习的话，那么生活中，一次随意的交谈可以成为学习；旅游，是学习；听别人上课、评课也是学习。

关键是怎样做到这点呢？你一定要有一种开放的心态，有一种投入。要么不做事，要做就要投入。就像听报告，你要注意听，捕捉特别有价值的东西。作为华东师范大学教育学系的教师，作为基础教育改革与发展研究所的研究人员，我也在学习。怎么去研究校长？怎么和校长合作，把中国的基础教育往前推？这些都是我们可以学习的课题。生活中有很多可以学习的内容，而恰恰是在学习中、在发现中，生活才会变得有趣起来，而不是变得令人烦恼。生活质量和生命质量的提高，实际上是和学习非常相关的。

那么，我们该怎样度过我们自己的人生呢？怎么使人生变成学习的人生、发展的人生、创造的人生，变成由一串串的亮点构成的人生呢？只有人生的亮点多了，我们在最后离开这个世界的时候，才不会有遗憾。所有的人（不仅是校长）首先要成为对自己的人生价值有期望和追求的人，才可能在这个基础上来讨论今天应该怎样学习。

对个人的终身学习问题，有狭义和广义的理解。所谓狭义的理解，就是在具体参与某项学习或研修的活动中，我们怎样学习；广义的理解，就是在当今这个时代里，我们怎样学习。我想，大家几乎都认同，这个时代不再是稳定的，它一直在变化。大家也认同，这个时代变得越来越复杂。一个变化，一个复杂化，这两者在一定意义上就变成了一种压力，这种环境要求我们必须学习。另一方面，这也是一种资源。我们换一个角度去想，变化越多端，就越要求我们不能静态地按照已有的结论去套自己的学校。环境不是一条简单的定律就可以说明的，哪一个范式都不能完全地概括它。实际上，我们已经感受到教育的复杂，这个世界的复杂。这个时代的复杂状态和多变状态，要求我们不能简单地用加减法去思维，而是要用复杂思维来认识我们的环境和学校。

此外，我们还要有一个动态的意识，在变动中去寻找主流、趋势，找到并摸准这个方向。这就是"新基础教育"一做就是 10 年的原因。我们摸准了世界将要朝这个方向发展，教育的转型迟早会到来。我在做中国教育学百年发展的研究时，有一个深深的体会，就是中国近代社会出了一批先行者，他们是把心挖出来点燃当火把用的。我们的教育界，也有一批为中国教育发展呕心沥血的人，我们最熟悉的就是陶行知。选择做一个先行者，就意味着要吃苦，要奉献，要改变自己。所有的先行者都是自己醒了，才能启蒙他人，唤醒更多的人一起走出一条新的道路来。中国近代的教育和教育学，就是许许多多的人投入进去后，才有的一种结果。当然，现在我们看到它还有很多的问题，还需要面对新的转型，所以实际上，我们需要有当代的启蒙。我们要继承近代的启蒙传统，敢于去冲破，去奋斗，敢于在恶劣的环境下走出一条道路来。为什么我们要做"新基础教育"？为什么要和这么多校长一起做？我们就是希望这支队伍将路越走越宽。在这个过程中，没有学习是不行的。我始终觉得，越做越感到知识不够，我对很多问题的认识也有局限，我们对"新基础教育"的指导就有局限。有的教师下了课就去了解学生的反映。我觉得这很好。我从来没给他们提出过这样的建议，而他们真的就把学生的状态、感受看做是自己换位思考的一个重要依据了。在这一过程中，他们常常给我以启发。这就是一种学习。

学习者首先要有一种虚空的心态，心态打开了，想去接受新的东西，并期待着新发现，这才是学习的状态。在现代社会里，交互作用加强了，流动加强了，整体的复杂性也加强了，这就要求我们每个人都必须学习。

以上海市校长研修班为例，我们组织开展了以下几类学习活动。

第一种学习活动就是读书。读有关"新基础教育"的书。今天的校长要有读书的习惯，读书又要有动笔的习惯。不仅要记下读书的体会，还要记下哪怕是碎片式的东西，从中就能发现自己还需要学什么，还要进行怎样的研究，才能解决问题。这样，你的工作就有主题了。你的主题来自你的思考、你对自己的反思、你的学习体会和你对现实的研究。

第二种学习活动就是调查分析。这是让校长看自己的学校，把学校的真实状态摸清楚，目的是对学校有一个框架性的了解，理清思路。新校长可能做了很多事情，但对学校的整体框架、对自己想做点什么却未必很清楚，这是第一个"不清楚"。第二个就是，对学校的具体状态，特别是学生的状态不清楚。从前，校长可能只了解学生的大背景，如家庭出身、文化、所处区域等，但对学生本身并没有作真正深入的研究。第三个"不清楚"就是，学校的主要问题和潜在发展的可能性。通过调查，我们不仅要发现好的地方在哪里，还要找出问题，特别是深层次的问题以及学校潜在发展的可能性。我们的调查研究，主要是为了制定发展规划，实现学校发展。最后一个"不清楚"就是，当代转型的大背景到底向你的学校提出了哪些挑战，为你提供了什么资源，产生了什么新的需求和问题。我们既要看清楚一个学校内部的问题，又要把它放在整体的环境中去认识。有了这些认识，才有可能作规划。我们现在看到的调查，多是经验式的，大部分缺乏数据，对问题分析的深度也不够。在对学校发展潜能的调查分析中，点状表面的东西多，而对怎样开发人的能量等核心问题却思考不够。这就是面对学校的事实型研究。

第三种学习活动就是培养自我观察和反思的能力。它主要体现在两个方面。其一是要求校长做一周纪实，看自己一周都做了什么事情，并且要把事情分类，看看这些事在所有的时间里所占的比例及它的价值。有的时候，没有价值的事情所占的比例要高于有价值的事情所占的比例。然后再看这一周的生存状态是经常性的、典型性的，还是偶然性的。之后要想：对这样一种生存状态，自己满意还是不满意，可不可能改变，怎么去改变，朝哪个方向改变。要校长做这样的记录，目的是要大家去反思。因为是记录校长的生存状态，所以就会引发出对"怎样做校长"的进一步思考。这样的自我观察和反思效果才好。

其二是每周写一个案例。案例是集中型的。比如，你处理了一件事，成功了，这件事在你的头脑中印象深刻，你就把它写下来。但是案例不一定都是成功的，有时候，校长就是从一次很惨痛的教训中，懂得怎么做校长的。总之，只要是对你的校长生涯有意义的事情，就可以写下来成为案例。我希望这能成为校长今后自觉做的事情。现在的问题是，教师、校长本来是最贴近生活的，可往往为了追求所谓的高深，最后写出来的东西都是别人很久以前就写过的。希望大家能写出案例的

"味道"来。写案例应该写出很生动的过程，校长的思想就穿插在其中。思想的变化带来行为的变化，带来整个事情状态的变化。这个生动的过程，希望校长能表述出来。这种自我观察与反思的能力是一个人提高自我意识、实现自我超越的基本能力。

第四种学习活动就是听报告。在学习过程中，有专题式报告，也有关于作业、活动的反馈式报告。反馈式报告是一个交互作用的过程。每个校长都应思考：自己处在哪个状态？怎么改变这种状态，更好地发展？发展的实现要求大家主动投入。

第五种学习活动就是学员互动。有小组讨论和大组交流两种形式。小组讨论多以问题解决为主。投入的人在听、在思考，这是一种积极思维的状态和想要追求发展的表现。这种互动更直接，参与面更广。这就是为什么在"新基础教育"的课堂教学中，我们主张重心下降，加强有效的小组互动的原因。它可以让同一时空中更多的人主动地参与到学习活动中来。大组交流的形式比较集中，而且有选择性，可以根据大家的读书报告和状态进行。比如，大家比较集中地提到权力的问题——分权和集权，还有校本问题。我很高兴听有的教师说，现在的变革已经走到了以学校为基点的变革阶段。其实，任何人首先都是在自己做的事情上要有作为，再以自己的作为影响环境。因为你本身既是你自己，又是环境的构成部分。校本不是一个口号。所谓校本，就是你一定要扎根到你的家园里去，实实在在地了解、研究、发展自己的学校。学校对社会的影响力是很大的，特别是中小学，孩子有时候能反过来教育家长。一代人的质量，就是这个民族发展的质量。

第六种学习活动就是现场考察。要学会从多角度去考察一所学校。考察要用心、要投入。考察不能坐在后面听课。那样，听不清，看不见。坐在后面听课，实际上是个传统意识。看什么？只能看到老师，看到几个尖子生在举手发言，看到的都是学生的后脑勺，而学生的表情，他兴奋不兴奋，他在怎么学习都看不到。"新基础教育"历来不主张坐在后面听课。我们主张朝前坐，往学生旁边坐。小组学习时，听课者可以走动。这样就可以看到教师、学生，包括一些细节。有时候，我会用摄像机把听的课记录下来。技术非常重要，它可以回放，有些东西会更加确凿。但是这不能代替你当场整体直觉式的感受。感受到的东西，就是你的直觉思维和教育智慧的表现，也是对教育智慧的锻炼。看课就是锻炼自己怎样把握一个真实的课堂，这是校长的基本功。校长的能力不只体现在管理上，还表现在对一线教师的直接点评上。这个能力不是天生的，要靠锻炼，去听、去实践。

第七种学习活动就是专题研究。校长要把自己的课题研究和校本研究结合起来思考，这样就把教育科研和学校发展结合起来了。专题研究要解决什么问题？建议大家第一步先想：我想研究什么问题？把问题清晰化（要结合自己学校的发展，不是要你去创造新的理论）。过去，我们对实践研究的导向上有一点偏差。实际上，实践研究的重点应该是怎样发展自己的学校。这个过程中一定会有创造，这是一种综合性的创造，是实践智慧的创造。它和通过分析、抽象、系统化拿出来的理论是不一样的。教育理论应该由两部分构成，其中应该包括体现实践智慧的理论。

第八种学习活动就是作规划。这是综合性的面向未来的策划性研究。前面的所有内容都是为这个规划做准备的。

我们一共提供了面向过去、面向现在和面向未来的三种学习方式。通过读书打开眼界，通过调查、观察、研究，还有群体互动交流去认识自己的学校。群体互动的质量，实际上就是衡量学习型组织质量的一个重要指标。所有这些学习方式，都是为了让大家体会我们可以怎样学习。

（作者为华东师范大学终身教授）

校长如何实现价值领导力？

李政涛

要弄清什么是校长的价值领导力，必须先弄清"文化"以及"学校文化"的内涵。对于"文化"，我有两个基本的认识。

第一，"文化"就是人的生活方式，就是人的活法，而生活方式最核心的部分是人的价值观或者价值取向。一个人有什么样的价值观、价值取向，就会有什么样的行为，就会走出一条什么样的生活之路与职业之路。

我曾看过一个材料，日本松下公司创办第一年就做了一个250年的发展规划，它的创办人讲，松下公司是一个培养圣贤之人的地方，我们最好的产品是人，电器只是附带的。也许正是因为这样的价值取向，才使松下公司历经多次经济危机依然基业常青。

因此，文化的力量首先是一种价值的力量。此外，作为一种文化的生活方式还包括思维方式和行动方式。

第二，文化就是"文"和"化"的融通、转化。对于校长而言，"文"就是你的办学思想、你对教育的理解等；"化"就是通过你的管理，把你的"文""化"到学校的每一项工作中去，"化"到你的中层干部以及师生的日常言行中去。所以，"文化"就是"文"以"化"之、以"文""化"之。

那么，什么是学校文化？学校文化即学校师生和领导者有特色的生活方式，有特色的价值观、思维方式和行为方式。创建一种学校文化，就是要创建一种校长理想的有特色的生活方式；推进学校文化变革，就是要改变学校中人的生活方式，这是一项艰难的事业。

总之，价值观是学校文化的核心和前提。校长的价值领导力，即校

长对某一核心价值的理解、运用、转化和创造的能力。其中的关键词是
"转化"。

那么，校长的价值领导力具体表现在哪些方面呢？

一、对社会主流价值的理解力和把握力

校长的一个重大责任就是把社会的核心价值、主流价值通过学校传
递给我们的下一代。在我看来，当代社会的主流价值包括民主、科学、
和谐、发展、公平、自主、自觉、尊严、幸福等。校长有义务、有责任
理解和把握当代社会的主流价值，并把它渗透在学校的办学之中。

二、对当代基础教育改革中主流价值的选择力和执行力

在改革的时代，校长必须在多种价值取向中作出选择。

笔者比较认可的当代中国基础教育改革中的主流价值包括以下
三点。

一是"学生立场"。何谓"学生立场"？我很认同叶澜教授的观点。
第一，"学生立场"不等于"以学生为中心"。"以学生为中心"与原来
的"以教师为中心"一样，都是将教与学割裂开来、对立起来。这是一
种非此即彼的思维方式。事实上，教与学是一个整体，所以现在我进课
堂，既不单纯看教，也不单纯看学，而是看教与学互动生成的质与量。
第二，它意味着学生的实际状态成为教育教学的起点和出发点，成为教
学目标制定的依据。第三，它要求我们关注学生的成长需要或者发展需
要。这三句话构成了"学生立场"。

二是成事、成人。过去我们管理"事"的意识很强，但很少考虑
"事"成了，"人"成了没有。比如，课题做完了、规划做好了，但干
部、教师的思维方式、价值观、能力有没有因为做这个"事"变化了、

发展了？

三是培育生命自觉。我有两个研究生毕业后做了猎头，他们发现，特别优秀的顶尖人才无论从事什么职业，都有一个共同特征——非常自主、非常自觉，他们从不用上司催促，总是会主动寻找新的工作任务。这样自主、自觉的人，可能就是我们这个时代最需要培养的人。

在我看来，生命自觉主要包含"明自我"，即对自我的生命自觉；"明他人"，即对他人生命的敏感、尊重和敬畏；"明环境"，一个有环境自觉的人首先会主动挖掘这个环境中的有利资源，其次会对环境中潜藏的对自己发展不利的因素保持必要的敏感，能找到它、规避它、化解它。

如果一个人既能"明自我"，也能"明他人"，还能"明环境"，他就是一个有生命自觉的人。

三、对本校主流价值的提炼力和变革力

一个校长进入一所学校后有两大任务。第一个任务是要承接学校的传统，不要做革命性的改革家，不要匆匆忙忙就颠覆和否定传统，因为没有传统就没有根基。第二个任务是在传统的基础上再造新传统。这样的校长功德无量。

传统是什么？传统的核心就是学校的主流价值，它是一所学校的魂、神和气。那么，我们怎样提炼出属于自己学校的主流价值呢？我们来看几个例子。

上海市闵行区七宝镇明强小学是一所百年老校，他们从校名入手，提炼学校的主流价值。他们将"明强"理解为"两明"、"两强"，即"明事理"、"明自我"，"强体魄"、"强精神"。清清楚楚，极具特色。

江苏省常州市第二实验小学的主流价值是八个字，即"研究实践，体验成长"。这是他们从学校参与实验的"新基础教育"所特别强调的

两个关键词——"研究"（研究性变革实践）和"成长"（追求生命的真实成长）——中提炼出来的，即从"新基础教育"的核心价值中延伸、创造出来的，同时，它也是对教师日常教学改革以及管理变革经验的一种提炼。

上海闵行区华坪小学倡导"和而不同，乐而不松"。"和而不同"强调大家要有主见、不能盲从；"乐而不松"强调不要松弛、和谐融通，最终实现"快乐成功"。由此，他们提炼出学校的主流价值、文化特色——"和乐文化"。

每个校长都可以想一想：我校最核心的文化传统是什么？我们能用几个字把学校的主流价值提炼出来吗？

四、对主流价值的渗透力和转化力

校长的价值领导力最终体现为对学校确立的主流价值的渗透力和转化力，体现为"文以化之"或"以文化之"的能力。这在校长价值领导力中是最核心、最重要、最关键的因素。渗透、转化的基本路径主要有以下几个。

一是语言化。有研究发现，当代中国政府官员起草的文件、言说的方式，甚至包括不少学者的文体、语言风格都是典型的毛泽东文体。毛泽东是 20 世纪影响世界的十大人物之一，他的影响之一即体现在语言上。20 世纪六七十年代，中国人的语言方式和表达方式常常与毛主席语录、毛泽东文选直接相关。当你用一个人的语言表达自己的思考时，他语言中蕴含的价值观也就渗透到你的头脑中去了。

我曾到过重庆的一所小学调研，上午校长介绍学校在教学变革中的几个历程、几个板块，下午我们召开骨干教师座谈会。我发现，这些教师讲的一些概念和上午校长讲的差不多。这说明，校长的语言变成了教师的语言，教师已经在不知不觉中学会用校长的语言方式和概念表达自己的经验了。这就"化"进去了。

二是视角化。我们每个人都会戴着一副"眼镜"看世界、看教育、看课堂、看学校，甚至看自己的人生。我们出去听报告、参加会议，就是去学习、掌握新的"眼镜"，即看问题的新视角。如果我们的干部、教师能够学会用校长的"眼镜"看问题、策划和评价自己的工作，那么，这位校长就做到了渗透和转化。

三是体制化、机制化、制度化。校长要把主流价值观"化"到学校的每一项工作中去，先要在管理体制、管理架构上实现转化。比如，现在有些学校把原来的德育处改为学生发展部，以体现"学生立场"；有的学校把原来的教务处、科研室并成课程教研室，以强化课程意识、课程领导力与执行力，同时把科研"化"在教学中，使其日常化。这就在体制上、管理架构上体现了主流价值观的要求。

接下来，是要在机制上渗透主流价值观。"新基础教育"先后提出学校要创设四大机制：一是校长负责和民主参与的治校机制，二是分工合作与协作推进的实施机制，三是评价反馈与激励完善的发展机制，四是常规保证与研究创新的动力机制。

还要关注制度。制度与机制不同：机制是学校运行、管理中的魂魄，而制度是让机制能够顺利运行的载体或抓手。所以机制是魂，制度是体。制度是从理念到行动的中介。校长要让干部、教师、学生把学校的主流价值观或核心理念变为行动，就必须从制度抓起。什么是好的学校制度？那就是有魂魄、能够把主流价值观渗透其中的制度。什么是不好的学校制度？那就是魂不附体或魂不守舍的制度。

如何在制度中渗透、转化我们的主流价值观？比如，怎样的制度设计能体现民主的价值观？我们是这样做的：一是方案制定的"全员制"，二是项目决策的"表决制"，三是计划实施的"部门制"，四是监督评价的"述职制"。就拿监督评价来说，一个学年过去了，怎么评价干部做得好不好？不是写一个报告总结一下就完了，"述职制"要求的是

"研究性述职"或"答辩性述职"，全体教师现场提问，这样就把述职的过程变成了研究的过程。民主的价值观通过这样的制度设计即实现了转化和渗透。

再举个例子，怎么通过制度体现协作的价值观？每个"新基础教育"的实验校中都有不同的梯队，那么，怎么才能让不同的梯队之间形成互动、协作的关系？我们的做法是：每周有一天上午安排各梯队的互动。第一节课，由第三梯队的教师，尤其是新教师上课，其他教师听课。第二节课，上课的教师自己反思。第三节课，第二梯队的教师出场，上与第三梯队同样的内容。第四节课，所有教师集中，第三梯队的教师先说课、反思，第二梯队的教师评第三梯队的课，并说自己的课。最后，第一梯队的教师出场，对第二、第三梯队的课进行点评。这样，各个梯队就能够充分地协作、互动起来。

现在，我非常关注教师的有效学习问题。最近，我们提出要提升教师的"现场学习力"。什么叫"现场"？教师上课即上课的现场，听别人的研讨课、观摩课，即听课的现场。中小学教师大量的时间是在现场中，所以"现场学习力"的提升至为关键。

笔者也是经常在现场的，我常提醒自己，进入现场要带好两个东西。第一，带好我的"钉子"，牢牢地钉住上课教师的语言点和思想点，不要让我的注意力轻易地分散。第二，带好我的"钩子"，把他的价值观和思想"钩"出来，"钩"到我自己的课堂中去。提升"现场学习力"光讲道理不够，还要靠制度。比如，教师在校内听本校老师的课，我们设计了一个制度，即听课后要做到"三个一"：至少发现这个老师一个亮点，指出一个缺点，提出一条改进的建议。学期末检查教师的听课笔记，看有没有落实"三个一"。而校外听课制度就不能是"三个一"了。校外听课，教师往往是听完课后回到学校给校长和同事讲一讲就完了，经常是听的时候很激动，听完了很平静，回去后很麻木，一动不动。怎么解决这个问题呢？我们设计了一个制度：听课教师回来后，要上两种课中的一种。第一种叫样板课或典范课，即如果外校教师的课上得不错，那么你可以照葫芦画瓢，给全组甚至全校教师上课，而且要讲出那位教师的课好在哪里、你为什么欣赏。第二种叫改进课或移植课，即你觉得外校教师的课不错，但不一定适合我，因此就不能照葫芦画瓢，必须改进后再上课。这就是实现转化的过程——把听的上出来、做出来，不能光听不做。这就是制度的价值。

四是团队化。通过团队的打造来渗透和转化学校的主流价值是一个非常重要的途径。现在很流行打造领导团队、教研团队、教师团队等，但有的学校的"团队"不像真正意义上的团队，而更像一个团伙。团队和团伙有什么差异呢？我认为团队有四大特征。第一，认同性。干部、师生达成了一种共识。第二，自主性。每个干部、教师都能自觉遵循学校的主流价值观，都能在校长不在的时候自觉地做好分内的事情。第三，思考性。比如，一年过去了，我们应反思一下，如果学校改革的绝大部分策略、措施都是校长自己想出来的，那说明学校还没有形成团队，全校只有校长一个人的大脑在思考问题；如果很多措施都是由教职工提出来的，就说明有很多个大脑在共同思考学校的发展。这就是团队。第四，协作性。大家有协作的意识、协作的制度、协作的行为。

总之，当学校所有的团队都能共同言说、理解、运用校长的观点或理念时，校长的价值领导力就得到充分实现了。

五是环境化。环境化就是校长要把学校的主流价值观"化"到学校的物质环境中去。这需要校长具备对环境的敏感。

原上海市建平中学的校长冯恩洪给我讲过一个故事。2000年他到广州出差，入住著名的白天鹅大酒店。进去前，他不由自主地把被风吹乱的头发捋一捋，把卷起的裤脚放下去。这时他突然想：我为什么要这样，又不是去相亲？他观察，周围的很多人都跟他一样，进酒店大门前，都要把自己修饰一下。为什么？带着这个疑问，他走进酒店，又发现了一个问题：刚才在外面还随地吐痰的人不吐痰了。为什么？他悟出了一个道理：这里面的环境异常整洁和优雅，人处在这样的环境中，自己的行为必然会受到约束。这就是"环境即课程"的道理。

他反思：为什么我们学校三令五申，要求学生不要随地吐痰，但效果始终不佳？第一，建平的校园环境是清洁工打扫的，学生不会珍惜。第二，建平的校园环境还不够整洁和优雅。因此，他回到学校后就从这里开始了物质环境的建设。

再举一个例子，《中小学管理》曾刊登过一篇北京市朝阳区白家庄小学校长写的文章，其中谈到他们是如何将学校的核心价值观——"尊重"转化到学校的环境设计中的。第一，学校的墙壁、楼道，处处都从孩子的视角设计，而不是从成人的视角设计。我们都知道"让学校的每一面墙壁都说话"，但说谁的话？我们说的常常是成人、名人的话，这当然有必要，但还要说学生的话，甚至家长的话，这就体现了对学生的尊重。第二，让孩子们来参与学校环境的设计。这样做就能体现和渗透学校"尊重"的主流价值观。

六是课程与教学化。通过校本课程的开发，把校长和学校的主流价值通过课程体现出来。例如，我们说要坚持"学生立场"，那就要把它渗透到教学中，尤其是体现在教学设计中。因此，"新基础教育"教学设计方案的第一项是教学目标，第二项就是教学目标制定的依据，其中的重点就是在教学设计中如何渗透、转化"学生立场"。

（作者为华东师范大学教授）

我的关键成功要素

李希贵

我的关键成功要素大概有以下四个。

第一，寻找自己专业领域的制高点，向他人学习。我教语文的时候，语文教学哪个地方最好，我就向人家学习。有办法去，我就去现场学；没有办法去，我就查资料，看人家的文章，读人家的书。我当校长，在学校管理方面，我认为哪个地方在全国走在前列，就去拜访、去学习。后来，在教育局当局长也是这样。每一个年度，我都要为自己寻找一个制高点，2009 年，我找到的是美国。就是说，我们要努力学习别人的东西，要站在巨人的肩上，这是我们个人成长的捷径。有一句话说得特别好：你要想成功，就要与成功的人士为伍，和他成为朋友。有一项调查结果显示：一个人的财富，包括他的精神财富和物质财富，是他身边最亲密的五个朋友的平均数。所以，我体会，找到那些值得自己学习和借鉴的经验，是走向成功的一个捷径。

第二，喜欢用教育以外的眼光和视角处理问题。我基本上不怎么看教育学的书，因为其中的很多书太"一般"。我喜欢看心理学、社会学、成功学、企业管理学、法学、经济学等方面的书。我的办公室里总有这些学科最新的专著，都是比较通俗、比较适合我们这些外行人读的书。这些视角会帮助我们实现教育创新，帮助我们挖到别人没有挖到的深度。也就是说，仅仅靠教育学，或者仅仅靠管理学，我们永远也不可能挖到这个深度。所以，我们一定要多接触一点其他领域的朋友，多读一点其他领域的书籍。就我个人来讲，在我最好的朋友当中，很多都是其他行业的，我书中所写的很多东西都受到企业管理案例的影响。

　　第三，换位思考。在这方面，对我帮助最大的是卡耐基。1989年，我在济南参加一个校长培训班的学习，那时，"五角丛书"刚刚翻译出版，其中有一本书是《人性的弱点》。这本小册子我是在培训班结束后回老家的火车上一口气读完的。自此，这本书我读了20遍，而且买了千余本，送给我的同事和学生。我觉得，搞教育的人必须读一读这本书，因为它最大的特点就是告诉我们：要关注别人的感受。教育必须关注别人的感受，不关注别人的感受，教育就永远没有力量。一句话，亲其师，才能信其道。为什么我们要办学校，而不通过电视、广播、演讲来教育孩子？而且，为什么学校要有一个合理的规模（就一个健康的学校而言，小学，学生不宜超过500人；初中，学生不宜超过1000人；高中，学生不宜超过2000人）？因为只有这样，才能确保校长能够基本上跟学生熟悉，确保学生都认识校长，并与校长有非常好的关系。北京十一学校规模比较大，所以我们非常累，要想很多办法，跟每一个学生接触。比如，在学生的毕业典礼上，我要亲自为每一个学生发毕业证书，一个典礼下来，要站4个小时，最后几乎都站不住了，但我还是要坚持这样做，为什么？因为我们不跟学生接触，彼此之间就没有感情。我在校园里走，总是要尽最大努力，想办法拍一拍学生的肩膀。我听课时，对于回答问题的学生，课后都要跟他说一句话。每周一中午，我都会与学生一起用餐。还有，到我办公室采访我或者有事找我的学生，我都要送他一本书……我就是这样，努力用各种方式拉近与学生的距离，这样，学生的心理感受才会好。总之，我们要特别在乎学生的感受。同时，与同事相处时，我们也要特别在乎他人的感受。

　　现在我越来越觉得，卡耐基的《人性的弱点》不仅是一本成功学的书，而且是一本真正的教育学的书，它使我受益匪浅。换位思考，让每一个同事、每一个学生都感到自己非常重要，可能是我很重要的一个观念。

第四，讲究诚信。比如，如果学校发展需要，我打一个电话，或者发一个短信，那么，马上就会有一个朋友借给我一笔巨资。他不会害怕，因为他知道，我说哪一天还，就会哪一天还，不会拖一天。所以，诚信可以帮助我们成就好多事，我们永远都不要砸掉自己这个品牌。

（作者为北京十一学校校长）

法家·儒家·道家

卢志文

　　基层干部做法家，中层干部做儒家，高层领导做道家，这是很多管理行家的共识，也应该是学校较为理想的管理层级定位。

　　法家主张法治，强调他律，利用人们趋利避害的天性，主张制度管人，照章办事，贯彻有法可依、有法必依、执法必严、违法必究的原则；行事讲究效率，不拖拉积压，崇尚"无宿治"；强调制度的稳定性，反对朝令夕改，主张"国贵少变"。

　　基层干部把关的是学校教育教学最基本的流程和细节，他们不需要"深入基层"就可以了解最真实的情况，各种规章制度落实得是否到位，一目了然，清清楚楚。他们能否严格执法，是衡量一所学校执行力高低的最重要的指标。

　　儒家主张德治，强调自律，强调恩泽、教化、感染，以人为本；提倡德治和仁政，主张以理服人、以德感人、以情动人；恪守中庸，防止"过"和"不及"两个极端，把握好"度"，做到节用有度、任废有度、赏罚有度、褒贬有度；追求和谐，以和为贵，"君子和而不同，小人同而不和"，既注意成员之间的协调与和睦，又反对无原则的苟同与同流合污；严于律己，宽以待人；强调为政在人，主张有教无类、诲人不倦，倡导因材施教、循循善诱。

　　中层干部负责学校一个块面或者一个条线的工作，是校长和基层干部及一线教师之间的桥梁，要将校长的宏观办学理念和学校发展战略具体化、制度化，需要协调上下左右的关系，建立团队，化解矛盾，培训员工，开展活动，同心协力完成组织目标。学校中层干部贯彻儒家的管理思想，才能以人为本地制定政策；才能有效地化解基层执法过程中的各种矛盾，纠偏守中，保障组织的正常运转；才能让校长摆脱烦琐的管理事务的束缚，腾出时间和精力做更重要的事情。

道家主张"无为而治"，强调登高望远，尊重规律，顺应潮流，道法自然，"无为而无不为"，追求以柔克刚、以弱胜强；强调政简刑轻，放手放权，不把人的主观意志强加给事物及其过程；强调"以正治国"，抓重点，抓关键，重"内治"，辨方向，谋大略；强调谦下为本，常善救人，知人善任，力图人尽其才、才尽其用。

校长是一校之魂，需要超前的理念、正确的决策、准确识人和科学行事，这一切均离不开校长自身素质的提高。校长如果整天被杂事包围，拘泥于琐碎事务，无暇充电，孤陋寡闻，缺乏思考，就很容易故步自封，目光短浅，抓小遗大，甚至会不辨方向，盲目指挥，误入歧途。校长应该做道家，掌握规律，辨识方向，深谋远虑，高瞻远瞩。对于校长，指挥团队"做正确的事"比教育部下"正确地做事"更重要，"想事"比"管事"更重要，"管事"比"做事"更重要。校长就是要"出好主意用好人"，而不是事无巨细，事必躬亲。"不放手"、"不放心"最后必然导致既无可用之人，又无可信之人，形成恶性循环。

在学校组织内部，管理是需要分层的，不同层级的管理有不同的侧重点和要求。自上而下，战略管理依次淡化，过程管理依次增强；对人的管理依次淡化，对事的管理依次增强。越是基层的管理，越是需要更多法家的管理思路与方法；层级越高，则越是需要更多道家的管理思路与方法。

现实中，很多学校的管理层级是错位的。基层干部乐于做"儒家"，不做"法家"，遇事不敢顶真，做"好好先生"，致使制度形同虚设，向上级汇报时必然弄虚作假、粉饰太平，必然误导上级。普通教职工，则乐于做"道家"，对学校宏观决策品头论足，猜测质疑，甚至空发牢骚，人心涣散，而不是谋求执行到位，低耗高效。校长则被迫做"法家"，亲自上阵，板起面孔训人，久而久之搞得干群关系紧张，威信下降，疲于应对，决策能力降低，甚至到基层也了解不到真实情况，使学校凝聚力减弱，形成恶性循环。

校长做道家不是坐而论道，无为而治并不是无所作为。一位著名的企业家说过："我工作只抓两件事——最大的事和最小的事。"我理解，这里"最大的事"，就是做道家；这里"最小的事"，就是关注细节。画法有"疏可走马，密不容针"一说，管理亦然。校长不可不察！

（作者为江苏翔宇教育集团总校长）

做"大气"的管理者

沙培宁

"大气"是个好听的词,虽然近来在教育圈里被用得很多,但还不觉其"滥",原因之一恐怕与真正的"大气"尚属稀缺有关。

透彻地解读"大气"非笔者所能,那就试着描述一下对"大气"的教育人的些许"感觉"吧!

"大气"的教育人对"正确的事"有着一份超乎寻常的执著,因为他们对关乎"价值"的东西想得透辟。现实是如此复杂甚至混乱,渺小的个体靠什么守住良知、不随别人的扭曲而扭曲?当然是对"价值"的判断以及由对"价值"的坚守而产生的信仰。价值观是我们用以批判现实、把握自我的永恒尺度,而"信仰是成长的价值皈依。有信仰就有精神家园,有家园就能安身立命,就能行当所行、止当所止,就能全神贯注、一以贯之"(王崧舟校长语)。因为超越了"器"的层面、解决了"上位"的问题,所以"大气"的教育人必有强大的内心;必具"七八级风撼不动"的定力和逆流而上的勇气;必能在浊水横流中保持灵魂的洁净;必视学生的生命成长为最高价值,并依此在大小、轻重、长短间作出取舍——看"大",看"重",看"长"。

"大气"的教育人做人做事大多遵从内心的指引,较少受到外界干扰。与多数人相比,他们活得不那么被动,不会天天环顾左右、事事察言观色,因之有着一份透彻的潇洒与自由。然而,他们又往往是沉重的,这沉重根于苛刻的自律,根于对使命担当的看重、对内心承诺的检视和对教育现状的忧患。一位干得很出色的名校长在一次重要的述职时没有"摆功",而是连说了几个"对不起"。他说:"我很惭愧。尽管自己一直没有放弃努力,但扪心自问——我真的让学生开心了吗?幸福了吗？自由了吗？有效成长了吗？"一位教师在期末"盘点"时写的一篇《那些我做不到的事》亦令我等无比汗颜。他们的心因为装着"大问题"而饱满、而浩荡，尽管他们在面对现实、反观自身时也会有忧有痛，但与一些人屈于功利的考虑、囿于一己的需要而生出的忧与痛相比，实在是境界天壤！

"大气"的教育人对学生爱得纯粹。这"纯粹"指引他们在"爱自己"与"爱学生"发生冲突时，在利益召唤极为诱人时，义无反顾地选择"爱学生"。记得一位校长曾发问："我们会为自己的一些功利行为找到无数条理由，但我想问，谁来疼学生？"这一问，便问到了骨髓里。真正"疼学生"，就会一事当前先为学生打算，无论大事小节都不折不扣地"以学生为本"。在学位十分抢手的上海师范大学第一附属小学采访时我们发现，不大的校长室不仅十分简陋，而且竟然挤了3个人办公！当我们执意请校长"配合一下"把这一"景"拍下来时，她有点不好意思。那一刻，端庄、美丽而又柔弱的她在那个小木门的衬托下显得格外高大。之后，在其他名校中很难寻到的这样的校长办公室又在上海市徐汇区的两所学校再现。说到此事，3位校长的回答竟出奇地一致：学校地方小、资金有限，尽着学生吧！我不想给他们扣上高尚的帽子，但他们身上表现出的无疑是一种不着胭脂自醉人、让所有刻意的俗气之举都显得苍白的"大气"！浙江省杭州第二中学的叶校长曾把一位"留下来"即能给学校赢得国际比赛奖牌的高二学生提前"放走"（提前保送清华），他对我说："最终促成我作出决定的，是我在晚自习时发现他正在看一本大二学生才会读的生物书。那一刻我觉得，自己没有任何理由为了那一两块金牌银牌而耽误这个孩子，早一天把他送入大学，他便可能早一天成才！"从叶校长的所为所言中，我们是否也能体会到一种"大气"呢？

"大气"的教育人常呈现出一种"复杂的简单"状态，看似矛盾的两极在他们那里归于统一，一切波动在他们那里变得平缓，源自内心的强大张力使他们的生活充满弹性——内心澎湃而又沉静理性，纵有傲然之气，却也沉得下来；相信"为者常成，行者常至"，善以积极的态度忍受坚守的苦涩；开明大度，较少计较，兼容差异，接纳异己；悲悯但不颓废，孤独而不寂寞；心境纯粹，气定神闲，从心所欲，闲适如羽……他们因高度自洽、知行相谐而收获一份内心的安宁，尽享"大气"的回报。

这就是我所"感觉"的所谓"大气"。

（作者为中小学管理杂志社主编）

校长如何形成自己的办学思想？

田中岳

校长上任伊始，就会努力形成自己的办学思想，但校长的办学思想却有"自觉的"和"不自觉的"、"拿来的"和"自己的"之别。

一般说来，新校长的办学思想"拿来的"多。法律上的、政策上的、书本上的、别人的经验，都会成为"拿来的"对象。没有这些做指导就无法胜任校长工作。关键是如何把"拿来的"东西变成"自己的"，在自己的头脑中生根开花，结出新的果实，做到"自觉"，形成有个人特色、地域特色的办学思想。

校长尽快形成自己办学思想的基本条件是学习、实践和思考。其形成过程一般可分为储备孕育和提炼形成两个阶段。整个过程可以概括为"厚积薄发"四个字。

一、储备孕育阶段——厚积

下面结合实例说说"厚积"的问题。

在网上的"卢志文在线"里，我拜读过江苏省沭阳县潼阳中学周永清校长的《教学管理随笔》。这几十万字的系列文章，篇篇文章都闪烁着思想的光芒。

下面，我引述周校长的一段话来说明校长积累孕育自己思想的过程："每天我都要抽空读一些书以提高自己的理论修养，抽空坐在电脑前敲着键盘把自己在教学管理中的感悟形成文字。起初，对读书和写东西我都很不习惯，特别是难以熟练地把思考变成文字。我咬咬牙坚持下来，读书、教学管理实践、思考、写东西居然逐渐成了我的习惯。写促进了读书，促进了思考，促进了我对教学管理研究的不断深入。我本是一名普通的任课教师，是不懂课堂教学改革的，现在却形成了较为完整的课堂教学改革思路，我想这一定得益于上述做法。"

为了深入地理解这段话，我提炼出这段话的关键词：读书、实践、思考、感悟、写、思路、抽空、坚持。这些词语适用于每一位校长。

"厚积"不仅仅是积累材料，更重要的是积累平时点点滴滴的有价值的思想。因此，我重点谈一下"思考"和"写"。

思考的目的是从实践和读书中寻找自己的思想。一个人有了实践，是否就一定有经验？答案是否定的。只有善于思考、善于总结的人，才能形成自己的经验。思考的主要内容是：明得失，析因果。搞清了得或失的因果关系，就有了经验。所以由实践到经验，需要思考。但经验一般都带有局限性，这就需要上升到一般性、规律性的理论层次。从经验到理论更需要思考。

思考的能力需要培养。一个人善于做什么和不善于做什么，一是取决于他是否勤奋并取得成果，二是取决于他是否坚持并形成习惯。思考而无结果，不能培养自信；会思考而没有习惯，不会有所成就。善于思考的人，一般都掌握了思考的方法。怎么才能掌握思考的方法呢？只有多次练习。周校长的系列文章就是最好的例证："几十万字"，证明他的"勤奋"；几年来笔耕不辍，证明他的"坚持"；每篇文章的见解和教学改革思路，证明他取得了"成果"；一天下来，不管劳累与否，都要读点书，都要写下所见所思，证明他形成了"习惯"。

"思而不学则殆"，仅仅在自己原有的认知范围内思考，跳不出经验的圈子，是不会有什么新突破的，所以需要读书。既要读理论家的书，也要读实践者的书。前者可以使思想深刻，知道自己未曾想过的东西；后者可以使自己思路开阔，了解自己未曾做过的事情。读书可以使人的思想既深且广。

如果说实践后的思考在于明得失，那么读书后的思考就在于找出路。实践后的思考，未必都能把得失弄明白，因此需要在读书中获得启发。这时思考的任务就是"悟"。"悟"是一种很难用语言表述的思维过程，但对每个人来说又都是非常重要的、必须掌握的思维方法。我觉得，从最低层次理解，"悟"就是一种类比的推理方法，即将自己的认识、做法与他人的认识和做法进行类比，从正面的论述中得到"该做什么、怎么做"的启示，从反面的论述中得到"不能做什么、不能怎么做"的启示。高一层次的"悟"，应该是引发联想的强烈的思维活动。书上的论述对读书人来说就像电极，会不时地碰撞出他头脑中思维的火花，并由此及彼地产生出许多使自己十分兴奋的想法。我想，大多数人都有类似的经验。因此，"悟"不仅仅是领悟书里的内容，更重要的是悟出自己的新想法、新观点、新思路。"悟"就是领会他人之想法，引出自己之思路。只有如此，认识才会有提升，思考才会有结果，读书才会有价值。

所以，思考的任务就是明得失、出经验、出思路。而写的主要目的是把思考的成果记录下来，同时，写也是思考的深化和条理化。

许多人都做到了上面所说的读书那一步，可为什么从成就角度看，大都未尽如人意呢？原因是缺少一个环节：写。用周校长的话说，是"把自己在教学管理中的感悟形成文字"。"把感悟形成文字"十分重要，否则，那"感悟"就成为"过脑烟云"。写是思考的深化和继续。认识到的东西，只有能准确地表述出来，才算有了结果。有人说想写，可就是写不出来。写不出来的本质是没想好，没想通顺，没想明白。所谓"想明白"，就是弄清逻辑关系，找到立论根据，最起码自己能说服自己。只有想明白，才能写明白，因此想是基础。但没有写的练习，想准确表达就有困难。所以要"咬牙坚持"。这一关并不难过，写出十篇像样的东西，定会见到成效。根据笔者的经验，动笔写，更有利于思维活动，许多在思考时没想到的、条理不清的内容，在写的过程中会得到补充和纠正，会更加清晰、条理化。所以"写"这一环节必不可少。

关于读书、思考和写，除去方法问题，还有个态度问题。周校长的关键词里面的"抽空"和"坚持"两个词，就是关于态度的关键词。我以山东省诸城市龙源学校孙立平校长的话为例来说明态度问题。孙校长有几十万字的办学生涯记录。他说："要耐得住寂寞，要静得下心，要吃得了苦。"这"三要"准确地把矛头指向了我们想读点书、思考点问题、写点东西的拦路虎：坐下来读书与没完没了的应酬相比，确实是"寂寞"；亟待解决的问题的干扰确实难以让心"静"下来；读了要想，想了要写，这种眼累、脑累、手累的活儿，确实很"苦"。在如今的环境下，校长要想锤炼自己的办学思想，已不存在外在的阻力，关键在自身。在态度方面，起码要做到孙校长说的"三要"，有周校长的"抽空"和"坚持"的精神，才能把理想变成现实。

二、提炼形成阶段——薄发

有人说："知识学问只是前提而非归宿，只是手段而非目的，知识只有转化为见识即思想才是有意义的。"我们积累材料、经验、想法，不是最终目的，最终目的是要形成我们自己的关于教育的"见识"。我们的"见识"一般应该是什么样的？通俗地说，就是我们关于某个事物"是什么"、"为什么"和"怎么做"的见解。校长的办学思想，也就是校长本人关于教育"是什么"、"为什么"和"怎么做"的见解。

北京师范大学陈孝彬教授在北京市海淀区校长办学思想研讨会上曾说："教育思想是人对教育规律的主观选择，教育思想又是人们对教育实践的提炼和概括。"显然，这是回答"是什么"的问题。就目前而言，我们大多数校长所做的不是发现教育规律，而是选择教育规律，是对自己合规律的实践进行提炼和概括。这种选择，反映了校长对教育本质、目标、途径的理解。教育规律不只一条两条，校长为什么选择这条而不是那条，必有原因，这就是回答"为什么"的问题。作为个人的教育思想，这是必须回答的。确定了目标，还要有实现目标的具体途径，这就是回答"怎么做"的问题。我们在分析办学思想的结构时，是由"是什么"到"怎么做"，而在提炼、形成自己的办学思想时，可以先从"怎么做"开始。因为它具体，所以相对来说容易出成果。

怎样提炼有关"怎么做"的思想呢？

1. 要删除无用，突出有用，澄清浑水

要想把问题想清楚，先要把浑水澄清。有用的材料和无用的材料混在一起，自然就会影响思考。信息有用还是没用，取决于使用信息的目的。比如，某教师的教学改革做得十分有成效，写出来确实有价值，但要是写校长是怎样领导教学改革的，这位教师的材料就不一定有用。除非校长在这位教师的教学改革中确实做了具体的指导工作，用这位教师的教改事实来做自己领导工作效果的佐证。

2. 要进行材料分类，化繁为简，水落石出

有时对比较复杂的问题想不清，就是因为理不清。理不清就是没条理。分类就是把一堆事物按一定的标准划分开来。如果分得合理，肯定就有条理了。有条理的事物，就便于思考。事实上，许多事情，分类以后，马上就能看出苗头来。当然，分类不是最终目的，因为分类并没有得到明确的思考结果。分类为归纳服务，为概括服务。分类对思考具有促进作用，能使人从众多的材料中发现一些带规律性的东西。比如，每个学期，教师都要写总结，这些总结中肯定有闪光的珍珠。我曾见到一位校长把这些"珍珠"都挑选出来，编成了一本小册子，再发给教师。校长的用心确实良苦，褒奖、赏识教师之情跃然纸上。但细想一下，校长做的只是"收集"工作，"珍珠"还没有成为艺术品。如果加上分类、归纳、概括，其价值就会更大。我曾试着对那本小册子做了分类工作，结果归纳出了既反映该校特色又体现现代教育思想的教育观、学生观和教学观的做法和理念。试想，如果把这些做法和观点精选一些，用

于引导本校的教育教学实践，那又将产生怎样的效果呢？

3. 要理清关系，分清因果，探索规律

分类以后，重点要做理清关系的工作。如果材料中显现的大多是"果"，我们就必须为"果"找到"因"。"因"大都体现在过程中。不了解过程，就难以知道为什么成功，为什么失败，那个"果"也就很难发挥作用。所以，推广某一个人的经验，介绍过程比宣布结果更重要。重过程，主要表现为重视对思维过程的剖析。"重结果"突出的是"是什么"；"重过程"突出的是"为什么"和"怎么做"，即分析、比较、判断、决策的思维过程和具体运作的发展过程，包括运作过程中的思维活动。只学结果，往往是生搬硬套，依葫芦画瓢；学思维方法，才能取到"真经"。如果我们确定的因果关系是真实的，那就有一定程度的规律性。鉴别它，实验它，检验它，再推广它，是校长应尽的职责。

4. 要抓住重点，准确表述，形成概念

对于已经明确了的有因果关系的事物，就要用准确的语言表述出来，形成概念或某种操作模式。不做到这一步，思考的结果就可能丢失，从而功亏一篑。

所谓准确表述，就是要明晰概念的内涵，准确地表述自己的见解。同一个概念或同一个教育理念，不同的人会有不同的理解。比如，对"以人为本"的理解，至少有以下不同认识：以人的发展为本，以平等为本，以民主为本。笼统地说"以人为本"，别人很难清楚你要表达的准确内涵。

北京市顺义区石园小学刘金广校长总结了自己办学思想形成的三个阶段。这三个阶段对于多数校长来说，有一定的共性价值。多数校长要想形成自己的有特色的办学理念，一般都要经历这样三个阶段，甚至还要反复多次，才能确定。每个阶段都会遇到概括与表述的问题。

第一个阶段——"办学思路相对模糊的阶段"。应该注意的是，模

糊不等于没有，只是不清晰而已。越是不清晰，就越要想办法使它清晰。具体办法是用语言把它表述出来，形成概念。这时概念可能不准确，甚至有错误，但没关系。因为只有抓住它，才有研究、修改的基础，才会有认识的提升，才会逐步趋向科学。所以这一阶段的要点是，不要因不科学、不完整就不归纳，不给自己的思想"起个名字"。不归纳，不概括，就永远没有起点。

第二个阶段——"办学思路初现端倪的阶段"。这个阶段的要点是"实践—认识—再实践—再认识"。这是最重要的一个阶段。我们许多校长之所以不能形成自己的办学理念，就是缺乏这种"一而再、再而三"的坚持精神。理念的东西，不会轻易得到，必须有持之以恒的精神。

第三个阶段——"办学思想初步形成的阶段"。这一阶段就是给自己的思想理念作出恰当的概括并制订出实施措施。这个概括非常重要，概括不出来，就不能形成自己的思想；概括不准确，就可能歪曲了自己的思想。概括的语言，可以用自己的语言，也可以用别人的现成的语言。如刘校长的"教师是发展中人"就是他自己的语言。再如，有一位上海的中学校长把自己的办学理念概括为"面向未来办学"，这是邓小平同志的题词中的语言，但他把自己的理念融入其中：面向未来 3 年，面向未来 30 年，面向未来 300 年。他把这个理念解释为：为学生 3 年后毕业负责，为学生 30 年后作为国家的建设者和接班人负责，为 300 年后中华民族的兴亡负责。这里的"面向未来"就闪烁着这位校长自己思想的光芒。

把本质从现象中抽象出来，把自己的思想准确地表述出来，是件比较难的事。我们可以由浅入深、循序渐进地进行。陈孝彬教授说，办学思想分三个层次。第一，理性层次，反映校长的使命感、责任心和追求目标，需要用明确的语言或文字表述出来。第二，战略发展层次，体现校长的智慧、计谋、策略，这是实现目标的中介。第三，操作层次，即具体措施。我们可以从第三个层次开始，因为具体措施类的东西比较易

于归纳。然后，逐渐向第二个、第一个层次推进。真的到了总结自己第一个层次的办学思想时，需要把自己的思想发展脉络搞清楚，即把各种因素之间的经纬关系、主次关系、因果关系等搞清楚。只有看清发展主线，才能准确地概括自己的思想。

（作者为中小学管理杂志社原主编）

提升校长思维品质的思维工具　　李雯

　　校长的思维品质是影响和决定校长领导力的关键因素。思维是个体以其主观思考反映客观事实的过程。在这个过程中，个体的主观意识会影响和制约思考的内容和角度，从而影响思维的质量。高品质的思维有三个重要表现：一是全面，能够全方位、多角度、多主体地思考问题；二是深刻，能够由表及里、从现象到本质地思考问题；三是整合，能够有效地进行取舍与选择、综合与提升。

　　思维品质不是天生的，也不是一成不变的。借助一些科学、严谨的思维工具来思考，既有助于问题的解决，又能在实践中不断训练思维的科学性、有效性和灵活性，从而提升思维品质。思维工具是在实践中总结、提炼出来的思考问题的科学有效的逻辑框架、操作流程和方式方法。通过应用思维工具，我们能够有效地克服思维的主观性，突破思维的局限性，避免思维的混乱和无序，提升思维的品质。

　　以下几种思维工具可能有助于提升校长的思维品质。

一、SWOT 分析：提供分析问题的结构和框架

　　SWOT 分析又称为态势分析法，它是由美国旧金山大学的管理学教授于 20 世纪 80 年代初提出来的，是一种能够较客观而准确地分析和研究现实情况的方法。S 代表 Strength，即优势因素；W 代表 Weakness，即劣势因素；O 代表 Opportunity，即发展机会；T 代表 Threaten，即潜在的威胁。SWOT 分析就是分别从优势因素、劣势因素、发展机会和潜在威胁四个不同的方面，基于全面、彻底、深入的思考，收集和梳理同一

个问题所涉及的各种因素，从而形成和得到关于问题的系统、深入的认识和结论。从整体上看，SWOT 可以分为两部分：第一部分为 SW，主要用来分析内部条件；第二部分为 OT，主要用来分析外部条件。利用这种方法，我们可以从中找出有利的、值得肯定的因素，以及不利的、需要避开的因素，发现存在的问题，提出解决的措施和方法。

从校长履职的角度看，SWOT 分析可以用在两个方面：一个是对学校发展现状的综合分析，另一个是对校长自身专业发展现状的综合分析。学校发展现状的综合分析涉及学校发展的方方面面的情况和信息，校长自身专业发展的现状分析涉及校长个人方方面面的情况和信息，在分析过程中很容易挂一漏万、顾此失彼、考虑不周、思考不深。作为一种训练和改进思维的思维工具，SWOT 分析提供了一个合理、严谨的分析问题的结构和框架，使我们的思考在一个有效的范围内有序地运行。

二、6－3－5 笔写式头脑风暴：有效集中团队成员的智慧

头脑风暴是管理学家亚历克斯·奥斯伯尼提出的一种创造性地提出解决问题方案的技术。其主要特征是：首先汇总参与问题解决的不同人员的多样化的观点，然后在相互评论和共同讨论的基础上梳理其中最有价值的观点，最后形成有效解决问题的方案。

头脑风暴有不同的操作方法，"6－3－5 笔写式头脑风暴"是其中的一种。"6－3－5 笔写式头脑风暴"是一种用笔写下解决问题的观点来参与讨论的方法，因而比用口头表达来参与讨论的方法更严谨、有效。"6"代表 6 个人参与讨论，实证研究表明，6 个人是共同讨论问题的最佳人员容量，既能够最大限度地进行思维碰撞、互相启发、集思广益，又能够避免过多的观点重复和人员成本浪费。"3"代表每个人要提出 3 条不同于别人的解决问题的观点；大家在同一张纸上逐一写下自己

的解决问题的观点，写之前要先看看前面的人已经写下的观点，并提出不同于前面的人的观点。"5"代表5分钟，要求每个人用5分钟时间，在快速思考后提出自己头脑中最先想到的解决问题的观点。实证研究证明，快速思考所得到的往往是人内心感受最深、最认同的观点。

从校长履职的角度看，"6－3－5笔写式头脑风暴"可以用于解决学校发展中的复杂问题。例如，明确对学校整体发展和特定问题的理性认识与核心观点，提出针对学校整体发展和特定问题的实践举措或方式、方法。任何人都有不足和缺陷，任何人的思考都有盲点和误区，要把复杂的问题思考清楚，仅仅依靠校长一个人，或者学校领导班子少数人的力量是不够的。只有想清楚才有可能做对。"6－3－5笔写式头脑风暴"提供了不同人员集思广益的操作框架和程序，能够有效集中大家的智慧，克服个人思考的不足与缺陷，从而确保思考与决策的效果。

三、6顶思考帽：让思考有序化

6顶思考帽是创造性思维领域公认的权威、创新思维之父爱德华·德·波诺博士提出的思维工具，它使用6种不同颜色的帽子，代表6种不同的思维模式。白帽代表资料与信息，用于提供客观的事实与数据；红帽代表直觉与感情，用于提供感性的看法；黑帽代表逻辑与批判，用于小心、谨慎思考，指出风险所在；黄帽代表积极与乐观，用于提供乐观的、充满希望的积极的思考；绿帽代表创新与冒险，用于提供创造性的想法和新观点；蓝帽代表系统与控制，用于对思考过程和其他思考帽提供控制和组织。在思考和讨论的过程中，每个人的思考方向都是可以变换的，每个人的经验和智慧都被运用到每个方向的思考之中。

人在思考时遇到的最大障碍是混乱，在思考复杂问题的时候，思维特别容易陷入混乱，顾此失彼。那么，混乱是如何发生的呢？往往是因

"混"而"乱"。6 顶思考帽的一个基本原理是要求思考者在一段时间内只做一件事情，只沿着一个方向全面、深入地思考，等思考清楚后，再转入到下一个思考的方向。6 个方面的平行思考把每个人带出了自我的局限，使每个人的不同思考都能得以平等地呈现，使每个人都在一个完整的体系下思考。

从校长岗位履职的角度看，6 顶思考帽可以用在以下方面：一是学校发展现状的综合分析，二是学校发展方案的论证，三是学校管理决策的论证。学校发展的综合分析是为了清楚地把握当前的现实情况，学校发展方案的论证和学校管理决策的论证，是通过多角度、宽领域的思考和讨论，来审视、修正和确定将要在学校办学实践中落实的方案和决策。

四、GROW 分析：提供理性思考的逻辑框架

Coaching 是"教练"、"指导"的意思，Coaching 技术起源于 20 世纪 70 年代初的美国，是从日常生活、工作对话中发展出来的一种有效的管理技术。在 Coaching 技术中，指导者通过一系列目的明确又富有策略的启发性提问，如剥丝抽茧般洞察被指导者的心智模式，引导被指导者向内挖掘潜能、向外发现资源，令被指导者不断丰富、深化对问题和自己的认识，逐步明确解决问题的方法。

在 Coaching 技术中，经常用到的提问的逻辑框架是 GROW 分析。其中，G 代表 Goal，即目标；R 代表 Reality，即现实；O 代表 Options，即选择；W 代表 Will，即决断。GROW 分析就是按照一个合乎逻辑的思考框架，分别思考问题解决要达成的不同层面的目标、面临的各种现实情况、现有的可供选择的资源、机会、措施和方法，最后得出解决问题的决断。

在理性思考的过程中，头脑中有一个符合逻辑的整体框架非常重要。作为训练和改进思维的思维工具，GROW 分析正好提供了这样一个

普适的理性的逻辑框架，可以大大提升和强化校长思考问题的逻辑性和严密性，因而也就保证了问题解决的科学性。

五、魔鬼辩护术：让决策"无懈可击"

魔鬼辩护术源于欧洲中古时期教会里的一种特殊职业——"魔鬼辩护士"。那时候，神学者但凡提出了一种新理论，必须请另外一个人站在敌对的立场上，像魔鬼一样肆无忌惮地提出质疑和反驳。这些提出质疑和反驳的人，形式上是站在对立面，站在"魔鬼"的立场上讲话，所以被称做"魔鬼辩护士"。建立新理论的人，要通过与"魔鬼辩护士"的反复辩驳，应对和回答各种各样的质疑和反驳，直到无懈可击，其理论才算最终完成和成立。这种做法的目的并不在于消除新理论，而在于使新理论在一开始就能避免一些潜在的错误和不足，具有接受各种挑战和驳诘的力量，最终达到更胜一筹的境地。

魔鬼辩护术是一种提高决策质量的技术，它是指当决策方案初步形成时，由一名或者多名组织成员担任"魔鬼辩护士"的角色，对决策方案提出各种质疑和反对意见。如果决策方案能够经得住"魔鬼辩护士"的详细审查，那就证明这个方案是经得住推敲的。反之，决策制定者就要重视"魔鬼辩护士"提出的质疑和意见，并修正决策方案。魔鬼辩护术对于突破和矫正决策过程中的群体思维十分有效。群体思维是著名学者欧文·詹姆斯提出的，它是指组织成员在共同分析和解决问题时，由于组织内部的凝聚力、同质性、认同感和群体压力等原因，导致组织成员群体性分辨事实的能力弱化，判断能力降低，更重视和渴望达到群体一致性，忽略对现实问题的深入剖析的现象。

从校长岗位履职的角度看，魔鬼辩护术主要可用于两个方面：一个是对各种设计方案的论证，另一个是对学校决策的论证。在学校制定各种设计方案、作出各种决策的过程中，特别是当这些方案和决策是由校

长提出或者牵头提出的时候，特别容易发生群体思维。应用魔鬼辩护术能够有效破解群体思维的风险和局限，完善设计方案和决策结果，提升管理的质量。

（作者为北京教育学院副教授）

校长如何成为时间管理的高手？

成彦明

校长的时间管理体现着校长的思维方式和工作习惯。一个优秀的校长必然是时间管理的高手，相反，有的校长整天忙忙碌碌，但效率并不高，时间被大量地消耗在一些无意义的事务上。那么，校长怎样对学校的和自己的时间进行有效管理呢？

一、做好时间规划管理

以 3～5 年为单位的时间管理——战略管理。校长到一所学校工作，首先要制定好学校 3～5 年的发展规划。有了长远的学校发展规划，工作才有目标、有重点。方向明确就不会走弯路，就会减少资源和时间的浪费。2000 年 9 月，我到江苏省灌南县实验小学任校长，在充分调查研究的基础上，起草了《灌南县实验小学 21 世纪初 5 年发展规划》，并请南京师范大学小学教育专家吴永军等对发展规划进行审核，经教职工代表大会通过后实施。到 2005 年，规划发展目标中有 90% 的内容得以实现，学校得到快速发展，一跃成为"连云港市首届名校"。

以年、月为单位的时间管理——目标管理。有了长远的规划，还要有年度和学期计划，把长远的规划目标具体化。学校管理很有规律，一年两个学期，每学期大约 20 周。学期初做什么、学期中做什么、学期结束时做什么，都是比较明确的。甚至开学的第一周做什么、第二周做什么，也是十分具体的。比如，我校每年 4 月 6 日（第一届现代奥运会开幕时间）举办"体育运动会"，6 月 1 日（国际儿童节）是"艺术节"，8 月 31 日下午是开学典礼，9 月 28 日（孔子诞辰纪念日）是

"读书节"。把这些常规工作任务列成一个个目标，校长只要抓住总纲，就能纲举目张。在年度计划中，关键是要确定年度的非常规工作，比如，基建工程、重大庆典活动、突出学校发展的某项主题活动等。应把这些重大的活动分解到月，排出序时进度，将责任分解到人。时间管理的基本原则是要事第一，在大目标下对要事进行提炼和分解。

以月、周为单位的时间管理——任务管理。以月、周为单位的时间管理就是把目标管理调整为任务管理，把工作的目标分解为一个个任务。在一个月或一周中集中解决哪些问题、完成哪些任务应该是明确的，所以我们有月工作计划、周工作安排。我校每周五上午的校长办公会是固定不变的，即使我不在学校，也由副校长召集，回顾上一周的工作，落实下一周的任务，让全校教职工都知道学校的工作、自己分担的任务。

以日、时为单位的时间管理——效率管理。效率管理的方法很多，关键要做到以下几点。①做事要有条理，谨严有序。我每天晚上都要对工作进行盘点，记录当天的事情，规划第二天要完成的4～6项比较重要的工作，按照重要程度依次排序。这样，第二天的工作就能有条不紊地进行。另外，校长的办公桌上，各种文件要摆放有序，那些没有用的文件要及时清除，定期让办公室人员清理归档。②做事要有始有终。校长处理每件事都要有结果，不能留尾巴，不能拖泥带水，更不能留下后遗症，否则会使自己陷入无休止的事务中，更谈不上效率管理。③学会快速转换思维。校长每天都要处理很多事情，因此要学会快速转换思维，锻炼自己在不同的事情之间迅速切换的本领。④学会拒绝和回避。接待来访者要直接切入主题，该由下属解决的交给下属解决，该由自己处理的，能当场给予答复的要当场给予答复，及时结束无效的对话。⑤对一些经常性的事务要集中时间处理。比如，我把签字报销等财务方面的事情安排在每周一上午，这样就可以减少打扰，节约时间。⑥借助管理工具，如借助电脑、网络等现代信息技术提高工作效率。⑦锻炼高

效工作的技能。魏书生为提高学生的学习效率，经常搞"一分钟阅读"、
"一分钟日记"等训练。校长也可以通过这样的训练，提高工作的效率，
养成高效工作的习惯。

二、做好会议时间管理

会议是学校管理不可缺少的内容，也是最有可能浪费时间的环节。
校长要从会议的时间管理入手，提高会议的效率，让自己从文山会海中
解放出来。

明确会议制度。学校的主要会议有最高决策的教职工代表大会，一
般性决策的校长办公会，执行性的行政会，落实和总结任务的全体教职
工会议，专题性的班主任工作会议、教学工作会议等。我把这些会议的
制度写进了《学校管理手册》，规定会议的时间、召集人、参加人、程
序和会议纪律，让教职工清楚地了解会议的性质、目的和要求。

合理安排会议时间。会议的时间安排要根据学校实际情况确定。灌
南县实验小学和实验中学校长办公会都是每周安排一次，行政会议每月
安排一次，教职工会议两周安排一次，教学工作专题会议一年召开一
次，教职工代表大会一年召开一次，遇到重大问题时可以临时召开。一
旦学校管理进入了常规，教职工形成了习惯，就可以减少会议的次数。

突出会议主题。会议要设定议题，明确会议的主题和程序，尤其是
研究性的会议更要突出主题。

限定会议时间。在我所管理的学校中，校长办公会一般控制在 90
分钟以内，全体教职工的例会控制在 40 分钟以内。当然，会前要做好
充分的准备，规定会议的流程，每个程序都规定时间，确保会议的高
效。会上切忌多个领导轮流讲重复的话，这样既浪费时间，也反映出工
作作风不实。

做好准备工作。对于校长来说，开会就相当于教师上课，校长会前

的准备工作就好比教师的备课，校长"备课"的质量决定着会议的质量。对不同性质的会议要做不同的准备工作：一般的校长办公会要提前了解学校的值周记录，收集相关的材料；研究性的专题会议，要提前召开教职工座谈会，个别走访教师，了解教师的意见；对一些重大的决策性的会议，要提前与班子成员进行沟通，取得一致性的意见，防止在会议中出现预想不到的问题甚至冲突。

不参加不必参加的会议。校内外的会议很多，有的会议校长不一定要参加。学校部门会议、传达学校决策的会议，我一般是不参加的。当然，对一些重大决策的贯彻落实，校长必须亲自动员，统一思想，鼓舞士气，这可以起到事半功倍的效果。对于一些校外的会议，不是明确要求一把手参加的，我一般都让分管校长参加。

三、做好学习时间管理

我在学校的管理实践中，有1/4的时间是用于学习和思考的，"坚持理念领先"是我的座右铭。

坚持每天读报，了解国家大事。我每天下午都要花10分钟的时间浏览《人民日报》《新华日报》《中国教育报》等，以了解时事新闻和国家的教育政策导向。

坚持每周读书，学习教育理论。我把读书计划列入每周的工作计划中，坚持每月读一本教育学或管理学名著，这些名著蕴涵着丰富的思想，常常会给我带来创新的灵感。

坚持每月看杂志，掌握教学和管理的前沿信息。

坚持每学期参观名校，提升管理水平。我每学期都会利用外出学习机会或者专门带领学校中层以上干部到名校参观一次，学习先进学校的管理经验，拓宽办学视野，防止学校进入发展的高原期。

坚持每年听专家报告，激发管理智慧。我每年要用3~5天时间外出聆听教育专家的报告，了解专家在思考什么、研究什么，最新成果是什么，让自己的思想和专家的思想碰撞，激活自己的管理智慧，并与专家建立和保持长期的联系，利用专家的智慧为学校的发展服务。

从 2001 年我在灌南县实验小学做校长开始，学校每年举办一次"灌河潮"大型教科研活动，邀请著名专家来作报告，现已经成功地举办过 7 次。国内著名的教育专家魏书生、刘京海、肖川、朱永新、褚宏启、高万祥、于永正、吴正宪、张梅玲、钱志亮和李建华等都来学校作过报告。"灌河潮"教科研活动已经成为苏北地区重要的教育科研品牌，也成为我们领略专家思想的平台。

我每天还坚持写工作日记，及时记录自己的学习和思考所得，理清自己的思绪，明晰工作思路。近年来，我又建立了自己的博客，经常在博客上发一些随笔，和教师沟通交流。

四、做好闲暇时间管理

有了高质量的闲暇生活，才能办有品位的学校。在做校长的前几年，我把所有的时间和精力都用在工作和学习上，忽视了自己的闲暇生活。时间长了，自己透支了健康，身边的干部们忙得也有怨言。后来，我学会了给自己留下闲暇时间，充实自己的闲暇生活。

每天给自己留下锻炼身体和舒展心灵的时间。"每天锻炼一小时，健康工作 50 年，幸福生活一辈子"已经成为许多学校的口号。校长要率先垂范。近几年，我每天早上都坚持花 1 小时的时间走路和做操，每天上班时神清气爽，精力充沛。每天在工作之余泡上一杯茶，品茗养心，有一种宁静致远、淡定从容的感觉。

每周给自己留下至少半天时间全身心地休息。虽然每周都有双休日，但校长往往不能休息，许多工作占据了校长的休息时间，造成校长身心疲惫，工作效能低下。所以，校长一定要给自己安排好周末的闲暇生活。2004～2005 年，我任灌南县实验小学和实验中学两个学校的校长，工作事务非常多，但我每周都要给自己留下半天时间，全身心地放松自己，不去思考与工作有关的任何事情。等精力恢复后再投入到下一周的工作中，效率就比较高，而且自己也不容易出现工作倦怠。

每月给自己留下一两天时间处理俗务和增进亲情。每个人除了工作之外，都有俗务要处理，朋友同学应酬、亲友交往、家人团聚，等等，这些除了适时发生外，我自己每个月还有计划地安排时间与长辈、小孩团聚交流，重视亲情、友情的增进。我在县城工作，父母和主要亲戚都在农村，不管怎么忙，我每个月都要抽出一两天时间与父母团聚，并走访一下亲友，交流各自的情况。大家庭的和睦也让自己工作时增强了信心。

每学期或每学年留出三五天时间和家人一起出行或旅游。现在，学校的假期时间还是比较多的，"五一"、"十一"、寒暑假的时间我们都可以带着家人出行或旅游。这不仅能增进亲情，而且能给自己一段时间游离于工作之外，跳出学校看学校，可以更加全面、深刻地对学校的发展进行思考。每年暑假，我都要和家人到一个省会城市住上几天，放松心情，享受亲情的温暖，感受城市的文化，也触发自己的办学灵感。

时间管理是一门大学问，可以说，生命的艺术就是时间管理的艺术。校长要认真地思考和实践，找出适合自己的时间管理方法，合理规划，严谨有序，要事第一，宁静致远，事忙而心闲，闲而不失本真，做一个卓越的校长，办一所卓越的学校。

（作者为江苏省灌南县教育局副局长）

第二堂课
读懂教师
DU DONG JIAOSHI

特级教师是这样炼成的

王崧舟

浙江教育学院主持了国家级课题"特级教师成长因素和培养策略"的研究。该课题组选择我作为样本进行了书面访谈，以下是我书面回答的一部分内容。

问：您的职业幸福感如何？影响您职业幸福感的主要因素有哪些？

答：职业幸福感的高低，取决于职业高峰体验的状态。高峰体验越是强烈、越是高频，职业幸福指数就越高。从这个意义上讲，我的职业幸福感处于高位状态。

对于这个话题，我想谈两个基本的观点。

第一，我觉得教师的职业幸福感不是一个职业问题。如果我们的视域始终囿于教师职业本身，那么我们可能永远都体认不到职业幸福感。我以为，这是一个人生的问题、一个生命的问题，职业幸福感是对职业生命意义的终极体认和关怀。就教师的专业成长看，说真的，我们其实并不缺少专业知识、专业技能、专业修养甚至专业精神，但为什么我们依然找不到职业幸福感？一个重要的原因是，我们缺少生命的学问、生命的修养、生命的教育。牟宗三先生在《生命的学问》中指出，人们只知研究外在的对象为学问，并不认为生命处亦有学问。人只知以科学言词、科学程序所得的外延真理为真理，而不知生命处的内容真理亦为真理。所以生命处无学问、无真理，只是盲爽发狂之冲动而已。心思愈只注意外在的对象，零零碎碎的外在材料，自家生命就愈四分五裂，盲爽发狂，而陷于漆黑一团之境。我以为，职业幸福感不能外求，越外求，离真实的幸福越远。职业幸福感只能到自己的内心深处去寻求，它不能

"告诉"、不能复制、不能灌输，只能从自己的内心深处滋生起来、膨胀起来、氤氲起来。幸福无处不在、无时不在，但人对幸福的感受却因职业境界的不同而全然不同。我们不是缺少幸福，而是缺少发现幸福、体验幸福的那颗清净而灵动的心。

因此，我们在将自己的才情和智慧投向外在于生命的专业的同时，更应用自己的才情和智慧去观照自己的精神、自己的心灵乃至自己的整个生命。

第二，我觉得当我们真正具备了关于生命的学问和生命的修养之后，我们完全可以从职业过程中体认到人生的幸福和意义。荷尔德林说，人充满劳绩，但诗意地栖居在大地上。是的，我们说，一方面教师职业充满劳绩，但另一方面也是更重要的一方面，教师职业同样充满诗意。有了生命的境界，我们完全能够诗意地栖居在教育大地上。同样是上课，缺乏生命修养的教师，为上课而上课，教师的心只是在等待，等待学生的回答，等待结果的到来，等待结果与"标准答案"的契合。教师是活在"下一刻"的，是活在等待中的，过程本身所具有的种种意义和价值全部让位给了结果。教师在苦苦的等待中变得紧张、烦恼、焦躁，甚至痛苦，幸福被等待无情地遮蔽了。而具有生命学问和生命修养的教师，他是在上课，但他同时又是在享受上课。他在课堂上彻底放松，全然进入课堂中的每一个当下，和学生情情相融、心心相印。他会彻底打开自己的生命，让生命中的每一个细胞、每一寸肌肤去感受，去触摸，去体认。他会时时产生生命的高峰体验，在课堂上率性而为，和学生一起欢笑、一起流泪、一起沉思、一起震撼。于是，他就是课、课就是他，他和学生一起全然进入一种人课合一的境界。这种境界就是深深的职业幸福感。所以，"彻底敞开、全然进入、活在当下、享受过程、率性而为、高峰体验"等关于生命的学问和修养，是我们收获职业幸福感的必由之路。

因此，无论是从教师专业成长的角度，还是从体认职业幸福感的角度，我认为我们都需要"生命的学问"。

问：您的职业压力如何？您是如何理解职业压力的？

答：从某种角度说，我的高位职业幸福感在很大程度上遮蔽、消解了我对职业压力的感受。不是没有压力，也不是压力不大，而是无暇顾及压力的存在，更无心放大压力对我的影响。

《周易·系辞上》说："一阴一阳之谓道。"痛苦为阴，则幸福为阳；压力为阴，则动力为阳。有职业就有压力，这是自然之道。这样想来，压力自然就减轻了几分。

对幸福，要敏感；对压力，要"钝"感。一个人的钝感力，可以有效抗压。

压力带来的紧张与焦虑，只要适度，只要能够悦纳，对于克服和超越人的精神惰性，是大有补益的。

居危思危，往往是被逼无奈；居安思危，就是人为地制造压力，这是生命发展的一种自觉。

压力与动力，往往相反相成。压力一旦实现转化，往往会产生更大、更为持久的动力。动力一旦失去方向和价值皈依，往往成为某种压力。

压力说到底是一种心理感受。因此，减压和增压，也不过是一念之间。这一念，则是生命境界的全息体现。一个人，只有超越了功利境界、道德境界而进入生命境界的时候，才能真正做到：宠辱不惊，坐看庭前花开花落；去留无意，闲望天外云卷云舒。

问：您认为，一个特级教师成功的主要标志是什么？为什么？

答：记得白岩松在《人格是最高的学位》中讲到这样一个故事：很多很多年前，有一位学大提琴的年轻人去向 20 世纪最伟大的大提琴家卡萨尔斯讨教："我怎样才能成为一名优秀的大提琴家？"

卡萨尔斯面对雄心勃勃的年轻人，意味深长地回答："先成为优秀而大写的人，然后成为一名优秀而大写的音乐人，再然后就会成为一名优秀的大提琴家。"

我想，一个特级教师的成功，不能只是以他专业发展的成功作为主要标志。从根本上说，这种成功只能以也必须以做人的成功为最主要的标志。因此，人格的成功乃是特级教师成功的主要标志。

人格的成功，具体展开说，即为儒家的"三不朽"——立德、立功、立言。立德就是做人，立功就是做事，立言就是做学问。特级教师通过立德，在成就自身的德性和修养的同时，也践行着"以身立教、不教而教"的教育真理；通过立功，在实现自己的职业理想、担当高尚的社会责任的同时，也帮助和促进了学生的全面发展、个性发展、身心的和谐发展；通过立言，在不断总结自身的育人经验、传递育人智慧、探寻育人规律的同时，也在不断捍卫自身的言说权利和尊严，发现生命成长的痛苦和幸福，并最终实现自己的言语人生和诗意人生。

无论立德、立功还是立言，都是对人格的某种确证。我相信，在自己的职业生涯中，没有什么能比这更幸福的了！

问：你成长的关键词是哪几个，为什么？

答：第一个是"天赋"，第二个是"机遇"，第三个是"抱负"，第四个是"修炼"，第五个是"信仰"。

天赋是成长的基础。有些人天生不适合做教师，有些人天生适合做教师；有些人天生成不了特级教师，有些人天生具备成为特级教师的潜质。

机遇是成长的外因、现实条件。机遇可以是某项政策、某个环境、某位关键人物、某次活动等。机遇的核心是"贵人"，即在成长过程中能遇到对自己至关重要的师长、领导、同事、朋友和爱人等。

抱负是前进的方向。一个人只有抱定"人生为一大事而来"的使命与抱负，才能成就一番大事业。

修炼是成长的加油站、助推器。修炼是一个不断朝着终身抱负和终极愿景调整路径、修正行为、补充能量、坚定理想的过程。修炼的路径，第一是读书，无限相信书籍的力量；第二是践行，行动是实现人生价值的最高准则。

信仰是成长的价值皈依。有信仰就有精神家园，有家园就能安身立命，就能行当所行、止当所止，就能全神贯注、一以贯之，就能忘我，就能献身，就能实现自我、走向永恒。信仰为教师提供了专业发展、生命成长的精神动能！

问：您的专业发展目标定位是什么？

答：安安静静读书，认认真真教书，自自在在写书。不刻意成名成家，顺其自然，一切随缘。在读书、教书和写书中，感悟生命，确证自我，诗意地栖居在教育大地上。

从某种角度看，放逐、架空了生命发展的专业发展，只能是缘木求鱼、隔靴搔痒。所谓皮之不存，毛将焉附。只有融入了自身生命发展的专业发展，才是职业成长的不二法门。这既是职业的解放，也是人自身的解放。

问：您在工作过程中，什么时候或什么事情会让您有成功和喜悦的感觉？

答：泛泛而论，只要是学生获得发展、教师在我的帮助下获得发展以及自身获得发展，我都有成功和喜悦的感觉。但这种泛泛而论，并不真诚，也不深切。我想，应该在成功和喜悦之前加上一个程度副词——"特别"。那么，什么事会让我特别有成功和喜悦的感觉呢？

一位"久转不化"的"后进生"，在我即将丧失对他最后的教育希望时幡然醒悟，找到了自己的问题所在，于是，让我再次点燃热情、重拾希望。那位"后进生"的身上终于出现了一丝进步的曙光，这时的我会特别喜悦。

一位青年教师，在我手把手的帮助和指导下，在教育信念、课程理解、教学艺术等方面与我的共鸣越来越多。在我的期待中，他跨越了一道又一道关卡，终于在全国赛课比赛中夺得一等奖的第一名。我敢说，那一刻，最喜悦、最幸福的人，是我是我还是我！

一次公开课的教学中，一位学生的意外表现让整堂课原有的理想氛围陡然消失。我焦虑，甚至有些愤怒，但却束手无策、无力回天。课后，我一直沉浸在失败的阴影中，也因此不得不逼迫自己血淋淋、赤裸裸地解剖自己的教育理念和实践智慧，寻求破解之道。思之思之，思之不得；思之思之，又复思之；思之不得，鬼神通之。在高度紧张、高度思虑无所得，决定彻底放弃的那一瞬间，教育灵感突然光顾，破解之道豁然开朗。那种喜悦如过电一般席卷全身，真是妙不可言！

类似这样的事情还不少，它们往往可遇而不可求，需要自己以更大的心力和智慧考量并最终超越自己。我发现，正是一次又一次偶然的、不经意的自我超越，让我体验到了特别的成功和喜悦，而那，正是产生职业幸福感的源头活水。

问：您在工作过程中，什么时候或什么事情会让您有失望和沮丧的感觉？

答：工作中我很少有失望和沮丧的时候，偶尔会有愤怒和无奈。对那些违背教育规律、以牺牲学生的童年幸福和身心健康发展为代价的某些活动或统考等，迫于诸多现实条件和因素，只能冷眼面对时，心里既感愤怒又颇无奈。

在我看来，失望和沮丧是意志薄弱的一种表现。在工作中，我不是没有失败和遗憾。譬如课上砸了，譬如自己信奉的教学思想竟然不被理解，甚至还遭到无端的批评、攻击和谩骂，譬如某项改革举措让学生获得了实实在在的发展，但却被家长讥为沽名钓誉、形式主义等。但这些事情不会让我失望和沮丧，相反，只要教育良知告诉我，这条路是对的，哪怕前面荆棘密布，我也决不妥协、决不放弃，我会义无反顾、勇往直前。我相信，士不可以不弘毅，任重而道远。

这样一个过程，既无失望之感，亦无沮丧之痛。它让我在直面挫折、突围困境中获得新感悟、新成长。也许，痛并快乐着，是对这种心境的最佳描述。

问：就您的现状而言，您最需要外界给您怎样的帮助？

答：我对外界的帮助素来不抱太大的指望。我相信，能拯救和成就自己的，最终只能是自己。这个世界上没有什么救世主，自觉、自度乃是根本之道。因此，我不会刻意去寻求外界的帮助，诸如理论提升、品牌包装、形象策划等。相反，我信奉范文澜先生的那种"板凳要坐十年冷，文章不写半句空"的治学精神。做学问，注定寂寞、注定孤独，这份寂寞与孤独是常人无法体认也无法理解的，而这，恰恰是我的幸福所在！

问：在您的成长历程中，哪几位教育家对您影响最大？

答：第一位是孔子。在孔子那里，我们能感受到真正的教育情怀，一种基于现世功利又超越现世功利、直指人的内心世界的诗意教育。在我心中，孔子是一位多么可爱、多么亲切的老师啊！

第二位是苏霍姆林斯基。在他的教育思想中，既有形而上的教育哲学的关怀，更有形而下的教育实践的奉献。他是一位近乎完美的真正的教育家——他的一生自始至终与教育连在一起；他的教育就是他的人生，他的人生就是他的教育，他是伟大的教育家，更是一个伟大的人；他的一生有着大量真诚而富有原创意义的教育发现和教育主张，他的教育哲学是行动的哲学，他的教育思想有着坚实的教育艺术和教育技术的支撑。

问：在您的成长历程中，哪几件事给您留下了深刻的印象？它们是如何影响您的？

答：在我的成长历程中，有几件事印象极深。

第一件事发生在 1985 年。那年，参加工作才一年的我，闯五关斩六将，连着被评为镇教坛新秀、县教坛新秀、市教坛新秀。特别是在参评市教坛新秀时，我上的《我的伯父鲁迅先生》一课获得专家和同行的一致好评。而其时，我并非语文教师。这极大地振奋了我的工作精神。看来，教学经历和教学经验并非专业成长中一道不可逾越的鸿沟。只要肯学习、肯钻研、肯思考，"雏凤清于老凤声"的心愿并非不能实现。

第二件事发生在 1996 年。那年，我虽然因健康原因没有参加浙江省绍兴市小学语文青年教师阅读教学赛课活动，但绍兴市教研室最终还是决定由我代表全市参加浙江省首届小学语文青年教师阅读教学赛课活动。他们对我给予了充分的信任，也寄托了很高的期望。赛课的地点在金华，我上的是《飞夺泸定桥》。前半堂课上得很"顺"，也很"靓"，后半堂课却因一个环节的僵持而一败涂地。我只拿到了三等奖，而三等奖是所有参赛选手都会有的奖，说白了不过是个安慰奖而已。当时我承受的压力不可谓不大。让我气愤的是，事后我才知道，我上课所借的班级竟然在课前被某些人以一个堂而皇之的理由给调换了，而我真正所借班级是同年级 4 个班中最差的一个班，且当时的语文老师还是一名代课教师。当我知道这一情况后，气得真想狠狠揍一顿组委会的负责人。但在随行教研员的劝诫下，我静了下来。后来我想，千怪万怪，最终只能怪自己没本事，教学功夫不过硬。这一课，狠狠地杀了杀我的傲气和锐气，让我的心境变得平和起来、沉潜起来。

第三件事发生在 1998 年。我做梦也没有想到，自己竟然被评为浙江省的特级教师。时年 32 岁的我成为全省最年轻的小学语文特级教师。同年，应浙江大学教育系的邀请，我在全国小学语文特级教师课堂教学艺术观摩会上做课《万里长城》。又是一个做梦也没有想到，这一课竟然是本次活动 12 堂课中最受欢迎的课。上完课，居然还有广西桂林、浙江温州等地教研部门的人员上台邀请我去他们那里上课。平生第一次体验到什么叫欣喜若狂、受宠若惊。这一课成了我的"成名作"。

第四件事发生在 2004 年。在上海浦东，我应《小学语文教师》编辑部的邀请，在庆祝该杂志创刊 200 期的纪念大会上做课《一夜的工作》。上完课，台上台下一片哭声，我也是哭着走下讲台的。

这一幕，怕是终生难忘。这一课，让我深深感受到周总理无限的人格魅力，让我真切体认到精神生命的永恒存在。这一课，也让我真正走进了诗意语文、诗意课堂、诗意人生的堂奥。人课合一、高峰体验、全然进入、融为一体，语文从此成了我精神生命的图腾。

第五件事发生在 2005 年。在江苏省无锡市，又是应《小学语文教师》编辑部的邀请，我在全国首届中华经典诗文诵读观摩研讨会上做课《长相思》，引起全场的热烈反响。这一课被人们誉为诗意语文的经典之作、当代小学语文古诗文教学的第二座高峰。其实，我在上课之前，连教案都尚未完成，更别说"下水"试教了。但为了这一课的设计，我曾经苦苦琢磨了三个月之久。我一直试图在古诗文教学上有一点突破，但始终找不到灵感。我为这一课做了大量的案头工作，写了文本细读，研究了纳兰性德的生平，查找了大量的参考资料，认真研读了朱光潜先生的《诗论》和朱自清先生的《诗论》，到后来感觉材料很多、想法很多、思路很多，但就是梳理不出一个清晰、可行的思路来。第二天，在尚未形成完整、连贯、一气呵成的思路的尴尬中，我执教《长相思》。没想到，就在课的"行进"过程中，思路竟然自然地、悄然地流淌出来。这一次奇妙的教学体验，让我一下子体悟到很多东西。我惊喜地发现，我的课堂教学正在由必然王国走向自由王国。我突然清晰地看见，我过去许多刻意而为的需要强有力的意志去驾驭的教学行为、教学策略、教学模式、教学构架，已经完全内化为自己深层的、潜意识的、融入整体生命中的自然行为了。我的教学风格在灵动的、嬗变的课堂实践

中宣告形成。由教学习性走向教学率性，我进入了一种新的教学境界。

问：您的教学风格和教育主张是什么？

答：诗意语文、诗意教育、诗意人生是我全部的教育理想和信念。

（1）以出世的精神做入世的事业。人生的两极，一端在幸福，一端在痛苦。是幸福，你就享受它；是痛苦，你就承受它。悲欣交集，天心月圆，是为本色而诗意的人生。

（2）诗意在熟悉和陌生之间。诗的感觉，是一种熟悉的陌生感，陌生的熟悉感。像听陶喆的《苏三说》，像听周笔畅的《浏阳河2008》，她将遥远的未来的梦拽到眼前，又不慎跌入了前世的深渊。譬如李金发的"我们散步在死草上/悲愤纠缠在膝下"；譬如废名的"我想写一首诗/犹如日，犹如月/犹如午阴/犹如无边落木萧萧下/我的诗情没有两片叶子"；譬如林徽因的"是你，是花，是梦，打这儿过/此刻像风，在摇动着我"；譬如常建的"山光悦鸟性，潭影空人心"；譬如陈敬容的"炉火沉灭在残灰里/是谁的手指敲落冷梦/小门上还剩有一声剥啄"；譬如穆旦的"蓝天下，为永远的谜迷惑着的/是我们二十岁的紧闭的肉体/一如那泥土做成的鸟的歌/你们被点燃，却无处归依"；譬如辛弃疾的"舞榭歌台，风流总被，雨打风吹去"……

（3）文本的诗意流淌在言语中。文本的诗意，往往就是那些"人人心中有，个个笔下无"的言语存在，它可能是诗性的言语形式，也可能是动人的情感、独特的思想、深刻的哲理、博大的文化，或者形式与内容两者兼得，但所有这一切都一定栖身于"不朽的文字"。

（4）诗意就是"全人"的状态。儿童的游戏天性，使他们比成人更容易进入"全人"的状态。这种状态，是不计功利、剪除压力的自由状态，是全然进入、全心投入的忘我状态，是无中生有、化虚为实的想象状态，是物我同一、主客双泯的解脱状态。这样的状态，实为诗意的状态。

（5）诗意是一面多棱镜。诗意是个多棱镜、万花筒，站在不同的角度，你将看到不同的诗意之光的折射和呈现。从哲学的视角看，诗意乃是一种精神和心灵的自由。从认识论的视角看，诗意则是指某种直觉和顿悟，是对人生和宇宙的当下了悟。从存在论的视角看，诗意指涉一种有意味的感性形式的存在。从美学的视角看，诗意是人类情感的一种表现与升华。从伦理学的视角看，诗意就是善良、仁爱与悲悯。从心理学的视角看，诗意则常常意味着丰富的想象和创造。从社会学的视角看，诗意是一种内在的幸福感。从文学表现的视角看，诗意总是呈现为某种含蓄、凝练、朦胧的境界。

（6）从"负"的角度观照"诗意语文"。当我们不是定义而是描述诗意语文时，它应该是这样一种教学现象：它在教学中追求思想的力量，但对于仅仅以某种抽象的思辨抵达思想的做法，它说——不！它拒绝冷漠和麻木，它的展开充满感情，但对于只把这理解为直白地宣泄某种情绪和社会意识的做法，它说——不！它的呈现方式以具象为旨趣，但假如具象只意味着对现象的简单还原，它说——不！它的各种教学要素总在特定的情境中，但对游离于语言文字外的种种渲染和演绎，它说——不！它复活言语的内在之气，但声音的表现倘若只被加以机械的操练和刻板的模塑，它说——不！它是文化的，但对文化所作的任何形式的宏大叙事和过度诠释，它说——不！

（7）激活诗意的思维方式。隐含在诗意的言语形式背后的，往往是诗意的思维方式。诗意的思维方式有别于科学的思维方式，它是形象思维、直觉思维、情感思维、整体思维、创造性思维的协同与整合。诗意思维千姿百态、气象万千，它在"感时花溅泪，恨别鸟惊心"的移情中；它在"桃花潭水深千尺，不及汪伦送我情"的夸张中；它在"不知细叶谁裁出，二月春风似剪刀"的隐喻中；它在"春色满园关不住，一枝红杏出墙来"的对比中；它在"窗含西岭千秋雪，门泊东吴万里船"的想象中；它在"不识庐山真面目，只缘身在此山中"的顿悟中；

它在"日出江花红胜火，春来江水绿如蓝"的联想中；它在"明月松间照，清泉石上流"的凝神观照中；它在"相看两不厌，只有敬亭山"的物我两忘中；它在"月落乌啼霜满天，江枫渔火对愁眠"的天人感应中……

（8）诗意人生是一种"宗教"。心灵自由，着一"真"字，是诗意人生的信仰；止于至善，觅一"善"字，是诗意人生的情怀；精神契合，成一"美"字，是诗意人生的澄明；体验幸福，贵一"适"字，是诗意人生的境界；解放自我，化一"神"字，是诗意人生的旨归。这样说来，诗意人生实在是一种"宗教"。

（9）"无课"乃是课的最高境界。一堂好的语文课，存在三种境界。人在课中、课在人中，这是第一重佳境。人如其课、课如其人，这是第二重佳境。人即是课、课即是人，这是第三重佳境。境界越高，课的痕迹越淡，终至无痕。因此，课的最高境界乃是"无课"。

（10）"思在"是好课的第一重境界。第一重佳境，关键是一个"在"字。我"在不在"课上，这很重要。有人会觉得很奇怪："我在上课，我怎么可能不在现场呢？"我以为，此处的"在"可能涉及三个层次。第一个层次是"身在"。"奇怪论"者，大多是"身在论"者，因此，他们对"在不在"的问题感到奇怪也就不足为怪了。第二个层次是"意在"。指教师能全身心地投入课中，一心一意、专心致志。这一层次已经触及我所讲的佳境了。第三个层次是"思在"。笛卡尔有言"我思故我在"，课能上出自己的思考、自己的思想，这才是哲学意味上的一种"人的存在"。有些教师是在上课，身在，意也在，但他上的不是经由自己独立思考、独立批判、独立创造的课，而是人云亦云的课、照本宣科的课、囫囵吞枣的课。这就是"身"在场而"思"缺席的课。严格地说，第一重佳境，应该是"思在"之课。这重佳境如何实现呢？一言以蔽之，上经过自己思考的课。

（11）"本色"是好课的第二重境界。第二重佳境，关键是一个

"如"字。"如"者，不仅谓"好像"之义，更谓"适合"之义。课的风格，就像你的性格、你的人格。也因为课的风格与人的风格同构，才称得上真正意义上的"适合"。在这一重佳境里，对待课，既有"事业"的态度，也有"科学"的态度，更有"艺术"的态度。"如"的境界，已是自觉地将课作为一种艺术而加以追求了。艺术的成熟，常常以"风格"的形成为重要标志。形成课的风格，我以为在很大程度上取决于对自我、对主体的一种深刻的尊重和理解。人越是高扬主体性，越是彰显自己的人格特征和魅力，课的风格也就越鲜明、越自然、越具魅力。从这个意义上讲，最好的风格就是"本色"。"本色"的课拒绝机械模仿，拒绝东施效颦，拒绝削足适履。人格的洒脱一定折射为课的洒脱，人格的严谨自然融化为课的严谨。实现这重佳境的箴言就是，上最适合于自己的课。

（12）"当下"是好课的第三重境界。第三重佳境，关键是一个"即"字。"即"者，"当下"也，"实现"也，"即心即佛"也。你的人生，存在于课的每一个"当下"；课的每一个"当下"，成就了你的人生。语文人生、人生语文。糟糕的、浮躁的、粗野的、暴戾的语文课，成就了你糟糕的、浮躁的、粗野的、暴戾的人生；反之，诗意的、宁静的、优雅的、温婉的语文课，成就了你诗意的、宁静的、优雅的、温婉的人生。这实在是职业生命的不二法门。自然，此处所言为佳境，当是语文课的一种积极的"当下"的实现。我在上课，但我同时又是在享受上课。这种境界是什么？这种境界就是诗意，就是自由，就是深深的幸福感。要实现这重境界，关键是体验语文课的每一个"当下"。

（13）真正的教学始于倾听。教学是一个对话过程，对话始于倾听。倾听是生命的全方位的敞开。耳闻是倾听，注视是倾听，触摸是倾听，询问是倾听，心灵的感应更是倾听。倾听学生，就是尊重学生，就是理解学生，就是关切学生，就是激励学生，就是用生命感染和陶冶学生。倾听是一种底气，它首先来自教师对课程的有效细读。倾听是一种姿态，它来自教师对课程价值的一种高度自觉和坚守。倾听当然也是一种实践修为，它以实现师生双方的视域融合为最后的旨归。我们要为理解去倾听，而不是为评价去倾听。为了理解去倾听，把倾听和理解融合在一起，对话才有可能真正发生，精彩才有可能真正纷呈。在倾听中理解，在理解中倾听，倾听即理解，理解即倾听，这既是一种能力，更是一种智慧。

（14）追求"道器不二"的教育智慧。不要以为智慧是很玄很空的东西，智慧是事件不断累积的升华，是经验不断提炼的顿悟。智慧是需要大量技术、大量策略支撑的，倘若没有事件、没有经验、没有技术和策略的支撑，那就没有什么智慧可言。"道器不二"是一种很高的课程智慧。"道"是课程思想，"器"是课程技术。技术是有思想的技术，思想是有技术的思想。思想技术、技术思想"二而一，一而二"。没有思想灌注的技术，那是盲目的技术；没有技术支撑的思想，那是苍白的思想。

（15）课堂需要"童子功"。课堂应该成为这样一个动词：不同样态的生命安顿，在"辉煌敞开"的对话中，相互叩问，相互聆听，共同寻找生命的意义，共同走向诗意的栖居。人习武从扎马步开始，唱戏从吊嗓子开始，习舞蹈从练劈叉开始。课程教学从哪儿开始？从"教材教法"开始，这是一个老生常谈又不得不谈的话题。对一个语文教师而言，"文本细读"是他的教材基本功，"课堂对话"是他的教法基本功。练就了这两项基本功，你就长成了一对在语文的天空自由翱翔的金翅膀。

（16）理解"基础"也要与时俱进。一说到"基础"，人们就会下意识地将其与传统的"双基"画等号。且不说"双基"这一提法是否需要课程价值观的重新审视和批判，单就课改背景下的"基础"而言，焉是传统意义上的"双基"所能涵盖得了的？至少，基础的言语方法、基础的言语习惯、基础的言语情感和态度、基础的人文素养，都应进入现代语文课程语境下的"基础"范畴。从某种意义上讲，对母语的热爱和敏感远比所谓的"双基"要基础得多，其他诸如言语动力、言语意识、言语智慧等这些具有根性意义的语文素养，才是我们更应该致力于达成的课程基础目标。

（17）好课得有"三味"。往简单处说，好的语文课得有"三味"。第一味是"语文味"。"语文味"是对语文本体的一种守护，它表现为"动情诵读、静心默读"的"读味"，"圈点批注、摘抄书写"的"写味"，"品词品句、咬文嚼字"的"品味"。第二味是"人情味"。它指的是语文课要有情趣，要注重情感熏陶、价值引领，要以人为本，充满人文关怀。第三味是"书卷味"。有"书卷味"的语文课，充满浓浓的文化气息，内含丰厚的文化底蕴。说来简单，但要做到、做好，还真不简单。

（18）言语生命动力是写作的根本动力。史铁生说过，写作肯定不是为了重现记忆中的往事，而是为了发现生命根本的处境，发现生命的种种状态，发现历史所不曾显现的奇异或者神秘的关联，从而，去看一个亘古不变的题目：我们心灵的前途和我们生命的价值终归是什么。这种以人的内在精神需要和自我实现的生命关怀为基础的言说冲动、言说兴趣和言说欲求，才是最本原、最具根性的言语生命动力。

（19）真正的课程发生在课堂上。斯腾豪斯说过，真正的课程发生在课堂上，发生在教师和学生的互动中。从某种意义上说，领导"课程"就是领导"教学"、领导"课堂"。也只有当"课程"、"教学"、"课堂"趋于整合，乃至融为一体的时候，课程的意义之花才会真正绽放。每一堂课都是学生生命中的唯一，向前走去，就永无回头的可能。这一堂堂课串起了他们生命中幸福的童年，鼓起了他们远航人生理想的风帆。那么，是什么让学生感到幸福？又是什么鼓起了学生高扬的理想？一句话，是情！是人之成为人的感情、性情、真情、至情，是人用来确证自我生命的情感、情愫、情致、情操。

（20）教育当以慈悲为怀。大智知止，止于至善。教育的最高智慧，乃在于善思和善行。没有智慧的境界是一种低等的境界，唯有"胸罗宇宙，思接千古"，对人生、历史、宇宙产生某种哲理性的感受和领悟，方能称为有大境界。

（作者为浙江杭州市拱宸桥小学教育集团理事长兼拱宸桥小学校长）

挖掘教师工作中激动人心的力量

汤丰林

作为校长，当你看到教师拿着旧教案匆匆走进教室，带着疲惫的心情开始新的一天，面对日复一日的事务性工作充满了无奈的时候，你是否想过要重新激活他们的热情，挖掘他们面对工作时那份激动人心的力量？凯普的"自驱力"思想将带你感受全新的管理境界，帮你挖掘出教师的工作热情和积极性。

凯普的"自驱力"思想立足于企业员工的自尊和自我实现等心理需求，旨在帮助员工将自身的潜能发挥出来，并以巨大的热情主动投入到工作中，甚至不计报酬地寻求创造性的任务解决方案。这里就让我们走进凯普"自驱力"的精神盛宴，汲取其闪烁着智慧灵光的精神营养。

一、态度决定一切

有位老木匠向老板递交了辞呈，准备离开建筑业，回家与妻子儿女共享天伦之乐。老板问他能否帮忙建造最后一座房子，老木匠欣然允诺。但是，他的心已不在工作上，他用的是废料，出的是粗活。

等到房子竣工的时候，老板亲手把大门的钥匙递给他，说："这是你的房子，我送给你的礼物。"

老木匠震惊得目瞪口呆，羞愧得无地自容，如果他早知道是在给自己建房子，怎么会这样漫不经心、敷衍了事呢？现在，他只好住在一幢粗制滥造的房子里！

其实，这样的现象在我们的教师当中也常常会见到。一项对447名教师的问卷调查结果显示，2.9%的教师有严重的职业倦怠表现，

59.5％的教师有比较明显的职业倦怠倾向，而基本无职业倦怠倾向的教师仅占37.6％。该调查同时显示，在有职业倦怠倾向或表现的教师中，65.6％的教师反映，自己上班时常常盼望着下班，以便找地方放松一下；71.0％的教师表示，下班后根本不愿再提工作上的事；48.4％的教师表示，不时有离职的念头；26.9％的教师后悔当初选择了教师这一职业；部分教师甚至表示，只要能找到一份待遇还可以的工作就想改行。

试想，在这种心态下，他们怎能不像老木匠一样应付工作呢？教师每时每刻都在漫不经心地"建造"着自己的"房子"，在其惊觉自己的处境时，早已深困在自己"建造"的"房子"里了。基于此，校长应该像凯普所说的那样，引导教师把自己当成那个老木匠，想着是在给自己"造房子"，用心地去敲每一颗钉，去加每一块板，用自己的智慧好好"建造"自己的"房子"！

二、人生要有高度

说起人生的高度，教师人人都会有自己的鸿鹄之志。他们或期望自己成为模范人物、先进工作者、教育家，或期望自己培养出一批又一批的企业家、政治家、科学家。其实，"人生的高度"并非完全如此，它应该更多地体现在教师的日常生活中，备课、上课、批改作业、召开班会和组织活动等，再细小的工作，也都应该渗透着教师的认真和智慧；对待任何一个学生，无论他多么淘气或者多么"愚笨"，教师都应该像对待自己的孩子一样充满耐心和爱心。

许多年前，一个年轻人来到一家著名的酒店当服务员。这是他涉世之初的第一份工作，他将在这里正式迈出人生关键的第一步。因此，他踌躇满志，暗下决心：一定要好好干！不辜负领导的信任！

谁知在新人受训期间，上司竟然安排他洗马桶，而且工作质量要求高得骇人：必须把马桶洗得光洁如新！他当然明白"光洁如新"的含义是什么，他更知道自己不喜欢洗马桶这个工作。

当他拿着抹布伸向马桶时，胃里即刻翻江倒海，恶心得想呕吐却又吐不出来，他战战兢兢、如临深渊。

为此，他心灰意冷，一蹶不振，他面临着人生第一步应该怎样走下去的选择：是继续干下去，还是另谋职业？继续干下去——难于上青天！另谋职业——知难而退？人生之路岂能打退堂鼓？他不甘心就这样败下阵来。

在此关键时刻，同单位一位前辈出现在他面前。她身体力行，亲自洗马桶给他看。首先，她一遍遍地擦洗着马桶，直到擦洗得光洁如新；然后，她从马桶里盛了一杯水，一饮而尽，丝毫没有勉强。他看得目瞪口呆，热泪盈眶，恍然大悟！这件事给了他很大的启示，他警觉自己的工作态度出了问题，于是痛下决心："就算一辈子洗马桶，也要做一名洗马桶最出色的人！"结果他成功了。这个年轻人就是后来建立了享誉全球的希尔顿酒店帝国的康拉德·希尔顿。

为了使教师也具有类似希尔顿这样的工作态度，校长就应该像那位前辈激励希尔顿那样身体力行地激励本学校的教师，使他们明白：人生的高度不是遥远缥缈的，而是在对各种细致、琐碎的事物的承担中实现的。

三、让自己"跑起来"

两只青蛙不小心掉进了路边的一只牛奶罐里，牛奶罐里的牛奶不多，但却足以让青蛙们体验到什么叫灭顶之灾了。

一只青蛙想：完了，全完了，这么高的牛奶罐，我永远也出不去了，于是它很快就沉了下去。

另一只青蛙看见同伴沉没于牛奶中，并没有放弃，而是不断告诫自己：上帝给了我坚强的意志和发达的肌肉，我一定能跳出去。于是，它鼓起勇气，鼓足力量，一次又一次奋起、跳跃——让自己"跑起来"，生命的力量与美展现在它每一次的搏击与奋斗中。

不知过了多久，它突然发现脚下黏稠的牛奶变得坚实起来。原来，它的反复践踏和跳动，已经把液态的牛奶变成了一块奶酪！不懈的"跑起来"终于换来了自由的那一刻。它从牛奶罐里轻松地跳了出来，重新回到了绿色的池塘里。

这是一个飞速发展的时代，似乎在一夜之间，新课程、专业化、教师职业生涯等新概念和新事物便充斥了教师的生活，使教师也像那两只青蛙一样，陷入了前所未有的挑战与危机之中。

新课程改变了传统的教育观念，要求人们从职业发展的角度重新认识教师，彻底把"能者，做；无能者，教"的悲哀标签撕掉，改变为"能者，做；教者，能"，让全社会重新认识教师。而要使教师发生这样脱胎换骨的变化，校长就必须让教师树立起信心，让教师"跑起来"！

四、工作是良心问题

对海伦一生影响深远的一次升职源于一件小事。那是一个星期六的下午，与海伦同在一栋办公楼的一位律师问她：哪儿能找到一位速记员？海伦告诉他，公司所有的速记员都看球赛去了，如果这位律师晚来5分钟，她也会走了。但海伦同时表示自己愿意留下来帮他，因为"球赛随时都可以看，而工作必须当天完成"。

做完工作后，律师问海伦应该付给她多少钱。海伦开玩笑地回答："哦，既然是你的工作，大约1000美元吧。如果是别人的工作，我是不会收任何费用的。"律师笑了笑，向海伦表示了谢意。

海伦的回答不过是一个玩笑，她并没有真正想得到1000美元。但6个月后，在海伦早已将此事忘到九霄云外时，律师却找到海伦，并邀请海伦到自己的公司工作，薪水比她原来的薪水每月高出1000多美元。

　　海伦不经意间的行为与一位在报社工作的年轻女士的行为形成了鲜明的对比。这位女士因为老板给自己的薪水不够多，就敷衍自己的工作，最终被公司"炒"了。其实，我们许多人也正在像报社的这位年轻女士一样工作着，而这也使得成千上万的人与成功擦肩而过。事实上，一个人所拿到的薪水高低，与其完成工作的质量没有关系。工作的完成质量应该是良心问题，是职业道德问题。它涉及一个人的人品，而与报酬无关。

　　企业工作如此，教师工作更是如此。有人说，"教师也是人，也有七情六欲"。此话固然不假，但教师毕竟在从事着一项关乎民族兴衰的伟大事业，不管教育能不能产业化，也不管办教育该不该营利，教师的良心都永远不能变！校长也一样。

　　让自己驱动自己做好工作，让别人无可挑剔或不忍挑剔，这是教师让自己在教育教学工作中如鱼得水、游刃有余的唯一法宝。校长如果能够充分激发起教师强大的"自驱力"，那么你就不用担心教师不会投入全部的智慧和心血把工作做好了。校长应该树立这样的信念：教师个个是金子，个个都能够闪闪发光！

　　　　　　　　　　　　　　　　　　　　　（作者为北京教育学院教授）

我是如何领衔名师工作室的？

吴举宏

为了满足优秀教师特殊的成长需要，我们聚集了一批具有优良素养和较大发展潜质的青年生物教师，成立了"常州市高中生物教育吴举宏名教师工作室"（以下简称工作室）。在市教育局和学校的关怀、支持下，我们边思考、边实践、边研究，取得了一些成果，产生了较好的影响。下面我就谈谈我是如何领衔名师工作室的。

一、志趣第一，专业第二

没有志趣的人，就不会有前进的内驱力。没有志趣的研究，就很难进行创造和超越。因此，我们在确定工作室成员招聘条件时，坚持"志趣第一，专业第二"的原则。首先，突出强调成员必须具备"强烈的自我发展愿望"和"良好的团队合作意识"。其次，看教科研能力和专业技能，如实验课程开发能力、多媒体课件设计开发能力等。在市教育局的指导下，我们确定了严格的招聘程序。第一步，由市教育局统一在网上发布了工作室方案、工作室活动规章和工作室成员招聘的基本条件。第二步，符合条件的教师填写"名教师工作室成员申报表"，通过电子邮件发送至领衔人的电子邮箱，表明申请意向。第三步，工作室领衔人对照先前网上公布的条件，采取网上考试、电话访谈、阅览报名者论文、征询报名者同事评价、征求学校意见等形式，进行初步筛选，主要考察报名人的个性特长、志趣爱好和教科研素养。第四步，由工作室领衔人向市教育局提交聘用材料和初步意见，由市教育局审批。

二、让灯塔照亮前进的方向

　　愿景是一种意愿的表达，是人们为之奋斗并希望实现的图景。它像灯塔，为人们指明前进的方向；它像指南针，是人们不断调整自我心理和行为方式的标准。因此，建立工作室的"共同愿景"，并取得各位成员的内心认同感，是工作室良好运行的前提和条件。我们确定的工作室的"共同愿景"是：力求使本工作室成为常州市生物教学研究的重要基地之一，成为常州市优秀生物教师向往的研究场所之一，成为常州市优秀生物教师合作互动的"学习共同体"和"发展共同体"，成为常州市优秀生物教师的"孵化器"。

　　以"共同愿景"唤醒和协调成员的"个人愿景"，是工作室真正成为"学习共同体"和"发展共同体"的关键。我们组织成员进行交流，畅谈人生追求和专业理想，使工作室成员树立明确的专业成长和专业发展的目标。我们认为，工作室成员应在我市优秀教师成长"五级梯队"（"教坛新秀"、"教学能手"、"骨干教师"、"学科带头人"、"特级教师后备人才"）中相应提升一级或成为在某一方面学有专长、术有专攻的"知名教师"。

　　为了实现"共同愿景"，我们建立了良好的合作机制。工作室定期进行集中研究和交流，大家在课题研究中既分工又合作，共享他人的智慧，在共享中促进自我成长，从而保证了工作室"共同愿景"和成员"个人愿景"的和谐统一。

三、贴近课堂"氧吧"，防止"高原缺氧"

　　我们曾经在教师中做了一个问卷调查：新课程实施中您最需要什么样的支持？高居榜首的是"可借鉴的教学案例"，专家讲座则仅居第5

位，这说明一线教师在进入新课改后更需要"如何做"的引领。于是，我们在确定工作室的研究方向和课题时，始终遵循这样的基本原则："根植课堂，服务课堂"，紧跟课改步伐，落实课改理念，开展行动研究，提供课改案例，贴近课堂"氧吧"，严防出现"高原缺氧"现象。

我们对新课程标准和不同版本的配套教材进行了研读和分析，最后确定以高中生物新教材重点和难点内容的课堂教学设计为主要研究方向。我们试图通过该项研究，为教学实践提供可以借鉴的方法和有效案例，以推动我市高中生物学的课改工作。我们运用反思性教学和教育行动研究原理，以课堂教学中同课题比较研究为主要方法，采取"设计—实践—再设计"的研究步骤，针对同一课题，发布多种教学设计方案，让大家发出不同的声音。我们定期组织读书交流会、教学论坛和教学沙龙，让大家的思想相互碰撞，共享经验，激发智慧。为了体现本工作室的"网络意识"，即开放性和互动性，我们还专门建立了工作室网站，对外开放了本工作室的 QQ 群和网络博客，以便更多的教师参与互动交流。

四、重视自我约束，增大制度的"文化半径"

制度是约束行为的基石。我们从正式制度和非正式制度两个角度入手建立和完善工作室制度。一方面，我们酝酿制定了《常州市高中生物教育吴举宏名教师工作室活动规章》和《常州市高中生物教育吴举宏名教师工作室考评制度》，通过这两项制度来约束工作室成员的基本行为。同时，我们还与工作室成员签订了《常州市高中生物教育吴举宏名教师工作室项目研究和培养骨干教师协议书》和《常州市高中生物教育吴举宏名教师工作室成员互相协作、共同提高协议书》，明确了各自的权利、义务和岗位职责，切实保证课题研究扎实开展，集中活动富有成效。另一方面，我们力求形成工作室的非正式制度，增大制度的"文化半径"，使制度的内容更广泛、更丰富。在与工作室成员沟通和协商的基础上，工作室成员对外宣布了自我承诺书，按自己的承诺进行自我约束。非正式制度的建立体现了工作室对科学和学术的尊重，对民主和个性的尊重，因为工作室的研究工作以成员的自我学习、自主研究为主，能否激发成员的自我成长欲望和动机是关系工作室工作成败的关键。

工作室考核制度是制度中的重点，也是我们重点思考的问题。在数次研讨的基础上，我们制订了工作室成员业绩考核方案，考核的主要内容如下。①明确制订个人成长三年发展目标，配合领衔人共同制订具体的培养计划。②积极参加工作室的活动，完成工作室的学习、研究任务，并有相应的研究成果，努力实现培养计划所确定的目标。③在个人专业化发展成长袋中增加在工作室学习、成长的内容记录，包括学习内容安排、学习结果、阶段性成长变化、导师指导情况及评语等。④尊重工作室领衔人及工作室其他成员，服从工作室安排，互助合作，共同提高。为了使考核工作更具可操作性，我们制定了《常州市高中生物教育吴举宏名教师工作室考核量表》，评价指标包括集中研究时的出勤情况、集中研讨时的言行表现、公开课和研究课的开设情况、教学设计方案情况、论文正式发表情况、向工作室网页提供材料情况、自主研读书籍刊物情况、教师专业竞赛获奖情况等。该考核量表既注重量化考核，又关注质性评价。考核分为年度过程考核和工作周期终结性考核。考核工作力争体现真实性评价和发展性评价的理念，实现评价主体的多元化。评价采取自主评价、成员互评和领衔人评价相结合的形式，充分调动成员自主评价的积极性。

呈现研究成果是工作室的一项激励性评价工作，它使每一位成员体会到工作的价值和成功的喜悦。我们呈现的研究成果主要有：教学论文、教学案例、公开课、研究课和教学课件等。一年来，我们取得了一些成果：选取新教材中重点和难点教学内容为研究课题，共向全市开设研究课11节，撰写教学设计或教学论文98篇，在国家级、省级专业刊物上共发表论文 15 篇，制作和收集整理了一批有价值的课件、图片和备课资料等，并将这些教学素材、教学设计、教学论文陆续发布在工作室网站上，使更多的教师共享教学资源。10 名成员中已经有 3 人提前完成 3 年培养周期的目标，成为市学科带头人、骨干教师；一批年轻教师崭露头角。

工作室网站的影响力越来越大，越来越多的教师开始登陆并浏览工作室网站，在工作室网站建博客的人越来越多，其中还有部分来自外省市的教师、学生。我们还通过网站、公开课、图片展和研讨会等形式展示成员的工作过程和研究成果，以进一步激发成员的研究热情。

（作者为江苏省教委教研室教研员）

项目研究：从我们的"痛"开始

臧国军

为改变教师教育科研自觉性不足、"为研究而研究"等问题，从2008年暑期至今，在李希贵校长的引领下，北京十一学校（以下简称十一学校）从我们的"痛"开始，积极推进"项目研究"：倡导教师在特定时间（半年到一年）内，寻找自己工作中的"痛"，依靠自己或同伴互助的力量，解决自己的"痛"。在研究中，学校教科所较为成功地推进教师使用"头脑风暴"和"鱼骨图"等科研工具，取得了较好的研究效果。我们的工作主要包括以下几个方面。

一、确定从最"痛"处开始研究的原则

通过开展"项目研究"，我们帮助教师逐渐形成面对问题积极研究的心态，造就一种研究文化：开展"项目研究"要以行动研究为主，从问题出发，教师要紧密结合自己的本职工作，以解决工作中的矛盾、困惑为导向；项目的选题一定要从自己最"痛"处切入，尽量不要研究别人的"痛"，不要让研究成为负担；选择"能够改变的"且能够在一年内完成的项目，一年之内不能完成的视为放弃，放弃"项目研究"的负责人在两年内不允许再申报项目。

二、严格项目申报管理

项目由教职工个人申报，在一定时间内，一个人主持的项目不超过一个，参与的项目不超过两个，每个项目的人数一般为 3 ~ 8 人。

教师申报项目要填写"北京十一学校'项目研究'申报表",并交到学校教科所,由主管领导认定后,报校长审批。

学校对每个项目划拨研究启动经费 1000 元,研究经费在教科所专项建账,本着专款专用的原则,由项目负责人审批使用,不得挪用。

项目负责人要遵守学校有关科研管理的规章制度,研究中要接受学校教科所的统一管理。

三、寻找"痛"点与"痛"因

学校从教育科研方法体系中筛选出两个适合中学教育科研的工具——"头脑风暴"和"鱼骨图"提供给大家,教师们主要使用这两个工具寻找"痛"点与"痛"因。

项目确定后,项目组成员(也可以邀请其他人参加)要用"头脑风暴"对自己的"痛"进行分析,找出存在的问题。其操作步骤如下:清楚地阐述问题或要讨论的话题,确保每个人都能理解;让小组每位成员轮流陈述自己的观点(如果谁没有新观点,就不用发言),一直到没有新观点为止;将所陈述的每个观点记录下来,讨论结束前不对任何观点进行评论;将所有观点列出后,请小组成员进行核对;小组依次评论每个观点,可将其意义延伸,将其中一些观点合并或取消;最后,将观点进行分组,并加标题。

找出问题后,通过投票对问题进行排序,确定处于前 20% 的问题为研究的主要内容。已往经验证明,我们通过研究处于前 20% 的问题,往往也能解决其余 80% 的问题。排序赋分的办法是:对"头脑风暴"得到的意见进行归类汇总;将汇总的结果印发给小组成员;每位成员对汇总的意见进行刚性排序(不得并列);用倒序计分法(排序第一得最低分)对每一项意见赋分;对小组成员赋分结果进行汇总,将结果按分值排序;按分数由低到高选取 6~8 项。

利用"鱼骨图"对每一个要解决的问题进行归因。问题是鱼头，鱼骨是大要因、鱼刺是小要因，从多个方面寻找已经或可能发生问题的最基本的原因。例如，从人力资本、设备设施、方法机制、环境等大要因入手，再在每个大要因下分析若干小要因。

对所有的小要因进行排队，针对处于前20%的原因，寻找解决办法。有些是我们能做的，有些可能是我们不能做的，我们要做我们能够做的。然后，针对确定的措施作好计划，逐步解决问题。

教师们通过"头脑风暴"找到教育教学的"真问题"，用"鱼骨图"分析出问题的原因，又通过"头脑风暴"寻找解决问题的方法与途径。在这样的研究中，每一个人的思维都能得到最大限度的开发，在最短的时间内获得意想不到的收获。

四、加强过程性指导

刚开始实施"项目研究"的时候，教师们申报项目非常踊跃，在一个星期之内就申报了80多项。但大家对什么是"项目研究"还不是很清楚，以为"项目研究"与其他课题研究一样。教师们申报的项目五花八门，但一个共同的特点就是明显带有大型课题研究的味道：有的很空，在半年或一年的时间内很难完成；有的教师申报了与自己工作不是很相关的项目。这些项目对学生的全面成长是有价值的，但并不是教师工作范围内非解决不可的"痛"。

李希贵校长认为，新事物从出现到成熟需要"光照"和"雨润"。所以，他利用休息时间，亲自与每一个申报"项目研究"的教师交换意见，从问题的提出到研究的实用性、适合性、可操作性等方面对教师进行指导。这实际上是对教师开展"项目研究"的"一对一"的培训。这样，教师们的选题开始由宏观变得具体，由大变小，由空而实，由"假问题"走向"真问题"。例如，"教学环节设计对学生地理课兴趣的影响研究"、"数学课堂中减少学生'听'增加学生'做'的研究"、"学生走进图书馆阅读的有效流程设计研究"、"初二数学分层布置作业的研究"等项目都具体实在，是教师为解决自己工作中的"痛"而研究的。这就使研究成为工作的一部分。

李校长和学校教科所对每一个项目都进行中期调研，对前一阶段的研究工作进行点评，对以后的研究提出建议。学校还为每一个项目组配备一名校务委员作为研究工作的指导者和资源保障者，以保证"项目研究"的有序性和顺利开展。

五、依类制定评估标准

李希贵校长强调，评价什么就拥有什么，学校的评价、验收标准是"项目研究"的导向。

我们将项目分为以下四类，对不同类型的项目设置了不同的评估标准。

一是办法及流程类。例如，评价"学生学分管理办法研究"、"提高实验教室利用率的管理办法研究"等办法及流程类项目时，主要看这些项目的思路是否清晰。项目组应提供设计成型的流程或方案（占总评成绩的50%），同时，项目组要用翔实的材料说明方案的合理性和可行性（占总评成绩的50%）。

二是教材编制与整合类。例如，在验收"新课标高一数学必修课学案的整合与开发研究"、"高二生物《实验手册》编制研究"等教材编制与整合类项目时，验收人员要看此类项目的成品（占总评成绩的70%），项目组还要提供成品的当前应用价值和后续应用价值的观察指标（占总评成绩的30%）。

三是调查研究类。例如，验收"北京十一学校现实教师形象与理想教师形象差异调查"、"十一学校三年来学生体质状况调查与对策研究"

等调查类项目时，验收人员要看项目组提供的能用数据说明问题的调查报告（占总评成绩的70%），以及可行的、合理的、创造性的改进建议（占总评成绩的30%）。

四是行动改变类。例如，评估"数学课堂中减少学生'听'增加学生'做'的研究"、"利用'课堂观察'工具进行历史备课研究"等行动改变类项目时，评估人员主要评价"行为的改变"和"成果的推广价值"。项目组要提供研究报告，说明师生行为发生的变化，提交明确、具体的观察指标，准确描述改变了的行为特征（占总评成绩的60%）以及行为的改变是否可以复制（占总评成绩的40%）。

随后，我们成立了评估验收专家小组，依据评价方案，对要结题的项目进行认真评估。

评估结果达到85分及以上为优秀、75~84分为良好、60~74分为合格、60分以下视为不合格，不能通过验收。

评估结果要有由验收小组成员签字的报告。验收通过后，按照有关规定，将为"项目研究"人员按照有关标准赋予学术积分（学术积分是十一学校教科研成绩量化管理的办法）。对"良好"以上者实行奖励。其中行动改变类项目，按优秀和良好分别奖励项目组6000元和4000元人民币；其他类项目则分别奖励3000元和2000元人民币。

十一学校启动"项目研究"工作时间不长，但成效明显。教师们从工作中看得见、摸得着的"痛"入手，确定适合自己的研究对象，进行有针对性的、力所能及的、有兴趣的研究，既解决了工作中的"痛"，又提升了研究能力，增加了科研自主性和创造性。"项目研究"的过程，成为教师探索的过程、成长的过程。

（作者为北京十一学校教师）

以问题研究促专业成长

顾秋红

我校自 2006 年开始进行"教学问题档案库"的研究与实践，将教师面对的教学问题进行筛选、整理，精心构建问题库，研究解决策略，使教师成长由盲目走向理性。教学问题档案的撰写过程，实际上是一个发现问题、分析问题、解决问题、跟进反馈的过程，是教师教育教学研究成果的体现。到目前为止，我们已累积了 3000 多个问题。"教学问题档案库"的构建，为教师打通了一条教学研究、学习培训和日常工作相结合的专业成长通道，形成了以问题研究为中心的"常态化行动、多主体联动"的教师专业成长格局。

一、多角度征集"真问题"，引导教师成为"发现者"

研究始于发现。如何引导教师在教学实践中发现问题？关键是激活教师的问题意识，引导教师关注"习以为常、司空见惯"的教学现象，解剖自己的教学行为，学会诊断教学问题，养成"带着放大镜看问题"的研究习惯。我们将源于教学实践的问题收集起来，经过梳理、归类，建立相应的问题档案库。我们在实践中总结了以下三种发现问题的途径。

1. 心灵驿动式记录

我们注重引导教师捕捉、记录教育教学中长期存在的或者转瞬即逝的问题，同时把自己在教育书籍、报刊中发现的教育教学的热点、难点问题，进行文献收集整理，提高对问题的认识与分辨能力。这是问题研究的第一步。

心灵驿动式记录，要求及时记录教师面对各种教学现象时的心路历程，如"长文如何短教？"、"习作仿写如何做到'形似——神似'？"、"学生会说不会写怎么办？"、"学生计算常出错的原因是什么？"、"小学生实验数据作假怎么办？"等。教师通过记录，从教学疑难中寻找问题，从教学真实情境中捕捉问题，从教学经验中总结问题，从阅读书籍、资料中发现问题。

2. "基础教案"批注式反思

反思是教师发现问题的关键环节，贯串于备课、上课、作业等各个环节的教学全程的反思最具有针对性。我校让每一位任课教师自主选择一本教学设计书籍作为自己的"基础教案"。在"基础教案"中，教师针对每一篇教案的教学环节、教学方法、梯度训练等进行批注。我校探索出了多种批注形式：补充式批注、调整式批注、修改式批注、拓展式批注、对比式批注、跟进式批注和点评式批注等。对教学全程的批注反思，能够帮助教师及时发现问题、捕捉问题，使教师的发现之旅有根源可循，有脉搏可触。

3. 作业反馈本式问题集

检查学生作业是发现教学问题最直接、最有效的手段，在学生作业中发现的问题更具有研究价值，这种研究充分体现了以学生为主体。我们共采用三种方式进行作业问题记录。①每日错题记录。每天批改完作业之后，教师必须对学生作业中存在的典型问题进行详细记录，写清错误率较高的题目，作好问题反馈记录。②每周错题集锦。在每日错题记录的基础上，每周设计一次错题集中练习，针对学生容易出现错误的知识内容进行集中教学。③每月错题跟进。为了突出问题意识，教师每月要对学生作业中存在的问题进行深度反思，描述错误类型以及具体呈现状态，分析出现错误的原因，设计一次整体跟进式练习，最后进行跟进结果反馈。

教师通过及时记录学生学习方面出现的问题，积累第一手资料，为问题的研究提供原始依据。作业反馈式问题根植于真实的学生学习和发展的需要，这样的研究更具有普遍意义。

二、多渠道研究解决实际问题，引导教师成为"研究者"

"教学问题档案库"犹如一个庞大的根系，深深地扎根于教学实践这块土壤上。一个小问题既是研究的起点，也是新问题的生长点，其派生出来的问题又可以组成一个个问题链，最后形成问题库庞大而有序的体系。为了充实"教学问题档案库"，我校根据问题解决程度研究了三种问题档案撰写形式。

1. "链式"教学问题荟萃

"教学问题档案库"容量大，涉及内容广，米源渠道多。如果每一个类型的问题都缺乏连续性和递进性，教师的研究就容易浮于表面。针对这一现象，学校引导教师进行"链式"问题反思，以"教学问题档案库"中的问题为生长点，不断地深入推进，形成"问题链"，使问题档案库不断系统化、专业化，"根深叶茂"。

我校五年级备课组在研究过程中，形成了语文"读写结合"方面的研究序列：习作教学如何与阅读教学相结合→怎样通过随文练笔，让学生和文章进行深层对话→如何提升随文练笔的有效性→随文练笔如何评价，更具有普遍的指导作用……

系列问题解决下来，教师撰写了两万余字的《单元整组习作教学的思考》等经验材料，完成了"巧写每日一语，让习作扎根在交流的土壤中"等科研课题。

在这样的研究过程中，教师不断发现新问题，逐步形成了研究的路径，对某一领域有了全面而独到的认识。学校将"问题链"放入"教学问题档案库"，极大地丰富了问题档案库的资源。

2. "借鉴性"教学问题简解

在实践中我们了解到，教师迫切需要解决教学中长期存在的带有普遍性的难题，但由于精力有限，难以及时找到有效的解决办法。对这类问题，学校采取广泛征集问题有效解决策略的办法，鼓励遇到同一问题的教师"上传"自己的经验，从不同角度提供解决策略。"教学问题档案库"中有"可借鉴的问题简解"，就像教师手册一样，方便快捷，便于教师查询和借鉴。这样，可以有效地发挥"教学问题档案库"的教学服务功能。

3. "课题式"教学问题精析

"教学问题档案库"中仅仅呈现问题，或者仅仅呈现简单的问题解决策略，是远远不能满足教师需求的，教师更需要对教学问题进行深度研讨：研究问题产生的根源、解决的有效策略及相关的跟进方式。我校开展了"问题认领—成果发布"系列活动，充实问题档案库。教师根据个人的学科特点、研究兴趣，选择问题档案库中的问题，作为自己研究的小课题。通过阶段性的研究，教师将自己研究出的解决策略进行实践操作，验证问题解决的有效性，最后在成果发布会上公布研究成果，并将研究成果收录到问题档案库中，成为"教学问题档案库"中的精品案例。撰写"教学问题精析"的基本框架包括情境再现、问题提出、问题分析、解决策略、课例实践、跟进与反馈。

三、多角度开发交流平台，引导教师成为"共享者"

如何让问题档案库能够不断地生成、更新、完善，充分发挥交流、共享的强大功能？针对这个问题，我校建立了"教学问题档案库"专题网站。教师可以不受时空限制，随时登录，随时分享，这样交流面更广泛，参考价值更大。

问题档案库具有动态交流功能。一方面，一个问题有可能引起许多教师的关注，引发教师的思考，教师通过跟帖，展示解决问题的策略，有利于教师从不同角度、不同层面认识和解决问题。另一方面，有共同兴趣的教师还可以组成学习小组，认领问题，共同研究解决策略，形成研究团队。我校多次开展有效回帖活动，就网上交流的问题进行推敲、交流、研讨，问题回帖量与日俱增，教育研究不断深化。

如果教师在教学中遇到了困惑，可以及时到网站上寻找帮助，只需输入关键词，与此相关的问题、较有见地的解决策略以及相关杂志的论述就会呈现出来。如果输入一位教师的名字，那么，这位教师所上传的资料都可以显示出来。通过检索功能，教师还可以及时了解自己教学研究的进展以及同行的关注情况，帮助自己明确下一步的研究安排。

在问题研究过程中，一个问题往往能引发一系列的相关问题，引领研究逐步深入。我校非常重视在研究过程中生成的新问题，将其作为问题研究的新起点。

"教学问题档案库"引导教师由原来的"被动接受式成长"转变为"主动参与式成长"，由原来学校分配的"任务式成长"转变为自我需要的"需求式成长"，实现了成长的主动性和自发性，改变了教师的知识结构、思维方式、课堂教学行为，营造了教师常态化、团队化的专业研究生活。

（作者为浙江省宁波市镇安小学校长）

如何把握教师培养中的"度"？

曹
进

教育生态学认为，教师的"生态发展"是极为重要的。笔者发现，在教师培养工作中，存在着有违教师"生态发展"的现象，例如，无休止地提升培养目标，开齐菜单，上足发条，企盼教师发展一蹴而就。事实上，推进教师的专业发展，不能只凭校长的一厢情愿，应该遵循教师发展的生态规律，在具体操作中把握好"度"。

一、合理施压，把握教师培养的"量度"

镜头1：学校阅览室整齐有序地摆放着30多种教育杂志，但是很少有人翻阅。为此，学校提出一个新办法，建立"签时制"，请图书管理员负责，要求每位教师每周阅览3小时。时隔两月，有不少教师签上大名，而实际上存在不少假签或代签的现象。A教师说没有时间到阅览室读书看报。B教师说整天忙上课，忙批作业，加上参加种种活动及会议，硬是挤出几分钟到阅览室，也只能是坐一坐作为小憩。C教师说，潜心研读也未必到此凑热闹啊。

这种现象如何解释，众说纷纭。笔者认为，校长以促进教师发展为名，给教师一而再、再而三地施压，超过了教师的承载极限，教师就会力不从心。

校长给教师以目标激励和压力是好事，但要把握好"度"。这个"度"就在"跳一跳能够得着"的、经过努力可以实现的目标中。

二、切合层次，把握教师培养的"梯度"

镜头 2：听完一节语文课，教师们随即进行了评课交流。某青年教师第一个站起来发言，发言是照稿念的。此间出现了两个奇怪的细节：第一，刚听完课，怎么这么快就写完了评课稿？第二，发言中有一处评述与刚才的课堂教学情景不一致。原来，这位新教师为了保证发言顺当，前一天就请人代笔。谁知，实际讲课中出现了临时性调整，于是就出现了上述现象。

听课之后，随即评课，是可取的。问题是，对一位平时甚至连独立备课、上课的任务都难以完成的新教师，一下子"拔高"，让他对别人的公开课品头论足，是否考虑了其实际能力？这种不切实际的要求，并不能真正促进教师的专业成长。

教师培养要切合层次，因人而异。对于新教师，应帮助他们把主要精力用在钻研教材、熟悉教法、寻求课堂教学的有序操作和有效控制上，让学生能够听懂。对于中青年教师，要帮助他们在教育教学的有效性上下工夫，开展行动研究，围绕课题参与教育科研，撰写有价值的教育论文。对于老教师，应引导他们利用其丰富的经验和特有的优势，做好"传、帮、带"，帮助青年教师较快地成长。

有校长响亮地提出"人人争当科研型教师"的口号。务实地看，这有些不切实际。笔者认为，只有让教师找到自我发展的可实现目标，才能实现教师的生态发展。

三、务实有效，把握教师培养的"效度"

镜头 3：学校建立"教师成长记录袋"，其中一项是每月收论文，每篇加两分。有一回，管理者发现，有 3 位教师交的论文内容惊人地相似，可能是从同一家网站上摘取的。据说，按此"捷径"打造的虚假论文为数不少。

要使教师培养回到务实的平台上，就要实实在在地以"有效"作为出发点和归宿。我校为了加强教师培养工作的有效性，实施了一系列"有效教学"的管理办法。①要求教师有效地备课，强化"四有"：有教学内容分析，有教学方法设计，有学生活动安排，有教学效果预测。②要求教师有效地上课，开展"三比"评价：同样内容比效率，同样效率比效果，同样效果比效益。③要求教师有效地辅导学生，布置的作业要精选、精编、精批、精评，并增加对学生面对面指导的次数。④要求教师有效地进行教学合作，在青年教师中实行"三统一"：同年级、同学科在统一使用讲义、统一教学进度、统一考试测评的前提下，试行备课组捆绑式考核，将教学合作落到实处，实打实地推进教师培养工作。

四、快乐虔诚，创设教师培养的理想境界

镜头 4：期末，学校要求教师人人写总结，层层交流评比，年年如此，内容千篇一律。2006 年，一位校长要求大家写"自己精彩的教育故事"，每个教师都乐于完成。教师们说，这样的交流是一种展示和反思，充满了成长的快乐。

这个案例中的校长把乏味的总结变成一项教师乐于完成的工作，实在难能可贵。比尔·盖茨是怎样让员工实现专业发展的呢？答案是：让员工快乐！他认为，当人带着一种非常快乐的心情工作时，他面前枯燥的工作就会变得丰富多彩、趣味无穷。

当然，仅仅让教师"快乐"是不够的，还需要培养教师对教育事业

的虔诚之心，因为对事业的虔诚能激起教师的教育责任感和教育智慧。总之，仅有严格的管理，只能打造"称职"的教师；而"快乐、虔诚"则能成就"优秀"教师。

（作者为江苏省南通市通州小学校长）

教师减负的对策

冯大鸣

教师的工作负荷并不仅指教师的教学工作量，还包括教师组织班级活动、指导家庭教育、在职进修学习、承担科研课题等课堂教学之外的工作量。在一些西方国家，对于教师工作负荷的总量和临界点都有明确的规定，并受到教师工会的监督和保护。在我国，由于目前还没有相应的明确规定，有关的监测或评估机制也没有建立，因此，教师工作负荷是否过重的问题和如何解决教师过重的工作负荷问题还没有受到足够的关注，也很少被提上教师管理的议事日程。

事实上，我国中小学教师工作负荷过重的问题已经存在，教师疲于应付种种社会期望和改革要求的现象也已经显露。许多中小学教师都认同这样的事实：与多年前相比，他们的工作负荷大大增加了，有的教师甚至感到工作负荷几乎翻了一番。教师的工作负荷为什么会越来越重？因为在不断推进的教育改革中，社会一次次地对教师提出更高的要求。我们不妨来回顾一下，在以往的教育改革中，社会是如何不断地向教师提出新要求的。按照传统的标准，一个好教师，必须是一个教育者，而不是一个教书匠。也就是说，一个好教师，不仅要教书，而且要育人；不仅要教授知识，而且要寓教育于教学之中。然而，随着教育改革的推进，这一传统标准被突破了。社会要求一个好教师不仅是一个教育者，而且还必须是一个学习者。这就要求教师不仅要具备教学的能力和育人的素养，而且必须具有终身学习的意识、终身学习的行动、终身学习的能力和不断自我完善的表现。这些新要求在教师管理上最直接的反映，就是要求教师参加各种学历进修或职务培训。随着教育改革的继续深入，这一新标准再次被突破：一个好教师不仅是一个教育者、学习者，而且还必须是一个创造者。即在上述要求之外，又附加了教师必须具备创新精神、创造才能和革新成就等要求。由于一个真正的创造者不是一个盲目的试误者，更不是一个违背教育教学规律的出新出奇者，因此，与创造者要求相伴的必定是另一项新要求：一个好教师必须是一个研究者，必须搞研究、做课题、写论文……

那么，随着教育改革的不断深化，社会是否还会对教师提出更多、更新的要求？答案是肯定的。那么，教师的工作和学习负荷是否就应当无止境地加重？答案是否定的。因为任何人的时间和精力都是有限的，教师当然不能例外。如果教师的工作负荷超过了某个临界点，那么导致的结果不外乎两种：要么教师被累垮、被病魔击倒；要么教师对改革进行抵制。当然，教师对改革的抵制一般不会是刚性抵制，而是一种软性抵制。常见的表现是，职务培训时迟到早退，在教学改革上做一些表面文章等。不经意间，我们的教师管理工作便陷入一种两难困境：一方面，教育改革的步伐不能停，对教师的新要求还会叠加；另一方面，教师的工作和学习负荷又不能无止境地加重。

感谢彼得·德鲁克这位目标管理的创始人、美国管理学泰斗在其《21世纪的管理挑战》中，提供了走出这一困境的答案："有组织的舍弃"。德鲁克所给出的答案虽然仅有6个字，但其中的含义却是丰富而深刻的。首先，他提醒我们，改革并不仅仅意味着要增加些什么，还可能意味着要舍弃些什么。其次，他告诉我们，这种舍弃应当是管理者有意识、有计划、有组织的舍弃，而不是由员工自作主张的随意舍弃。否则，被舍弃的，可能恰恰是最有价值、最不该被舍弃的东西。

循着德鲁克的思路，我们的中小学校长是否可以思考一下：在对教师的新要求不断叠加的今天，我们如何为教师减去一些工作负荷？比如，学校能否允许班主任不出席每日的升旗和早操？能否减少教师在校园内的轮值护导？能否免检资深教师的书面教案？……当然，在信息技术已经进入校园的今天，校长更应该考虑如何充分利用现代化的设施和手段来"舍弃"那些已不再必要的教师工作。在这方面，西方国家的某些经验，或许是可资借鉴的。

例如，早在 20 世纪后期，美国的许多中小学就已经对学校图书馆的功能进行了调整，将"图书馆"改称为"教与学的资源中心"，"图书馆管理员"也变为"资源教师"。名称的改变，带来了职能的转变。资源教师的职能一般有 5 项：①选购书刊及教学软件；②书刊整理装订及音像资料的归类整理，有关设备的日常维护；③鼓励和引导学生阅读；④借助信息技术，支援教师教学；⑤借助多媒体，提供与阅读有关的教学资料。在传统的学校里，上述 5 项职能中的后 3 项都是教师的职责。资源教师的工作，显然减轻了教师的许多负担。

澳大利亚中小学的各类教辅也颇有特色。在澳大利亚，中小学教师每周要上 26 ~ 28 节课，看起来工作量不小，但实际上教师的工作总负荷并不太高。其主要原因就在于学校通过设置一系列特别的教辅人员，已经为教师"舍弃"了联系家庭或社区、后进学生补缺补差、问题学生调教、备课资料搜集等许许多多的工作负荷。我们以教辅人员之一——资源教师为例，他的任务有两项：一是专门为各科教师提供各种教学资料情报，二是为各年级、各学科准备试卷。资源教师必须根据学科教师非常具体的备课要求提供直接的相关资料（而不是只提供文摘或汇编）。在网络技术发达的今天，完成这项任务并不困难。资源教师的第二项任务，也是借助电脑来完成的。因为在他的电脑中存有各年级、各学科的考试题库。他可以根据各学科组对本次考试的原则要求来编制试卷。试卷经学科组长审阅，即可印发使用。

美国和澳大利亚的上述经验至少给我们提供了这样的启示：只要校长能够真正关注教师的工作负荷问题，只要在学校组织结构、人事岗位方面作出合理的调整，对教师工作负荷的"有组织的舍弃"就完全有可能做到。

（作者为华东师范大学教授）

"教师执行校长"制度：
科层管理的反转型改造

蓝　范
继　思
红　明

鉴于科层组织等级森严、信息传递缓慢、不利于调动被管理者积极性等弊端，我校从 2005 年开始实行"教师执行校长"制度，由普通教师以学校领导身份直接进行学校管理。这种对科层管理体制的反转型改造为学校发展带来了新的生机与活力。

一、科层管理反转型改造的载体——"教师执行校长"制度

反转型组织是一种特别适合专业人才实现创造性价值的组织结构。在这种组织结构中，行政领导成为专业人才的参谋者和服务者，他们用行政资源支持专业人才，而不是对专业人才发号施令。我校对科层组织进行反转型改造的重要载体是"教师执行校长"制度，让教师直接进行学校管理，让其在自我期许和良好的制度中自然成长起来。我校的"教师执行校长"制度分为两层：校级"教师执行校长"和年级"教师执行校长"。

1. 校级"教师执行校长"

2005 年 8 月，我校首次设立校级"教师执行校长"岗位。校级"教师执行校长"在全校范围内经民主选举产生，任期一个月，有职务津贴，拥有倾听、观察、建议、执行等权利和义务，代表教师参加学校行政会。每个校级"教师执行校长"要有展现自己特色、富有学科特点的"执政"梦想，他将主持召开行政会，部署具体工作，并在同伴们的协助下实现梦想。

在这一制度下，校级"教师执行校长"是如何工作的呢？彭晓爽老师的案例生动地呈现了这一过程。

彭晓爽曾是草堂小学一名普通的数学教师，上好自己班的数学课是她最踏实的梦想。虽说不想当将军的士兵不是好士兵，但是，像当"执行校长"这样的事，彭晓爽平时是不敢想象的，因为无论是职称还是教学成绩，学校里比她表现优秀的教师太多了。当教师们把这个平时很安静的数学教师推选成十月的校级"教师执行校长"时，实现梦想的渴望在彭晓爽的心中发芽了。

让学校充满快乐数学味道的梦想，终于让彭晓爽从讲台走向了主席台。在周一的集体早会上，她鼓起勇气，宣布学校将举行以口算为内容的"加减乘除大赢家"活动。孩子会喜欢这种充满了"作业味道"的游戏吗？会后，一个个踊跃举起的小手打消了彭晓爽的顾虑，也让她对自己的执行校长工作充满了信心。

在活动中，有个在班里数学成绩并不好的女孩竟然杀入了年级决赛。面对有些学生和教师对这个孩子的质疑，彭晓爽选择了相信孩子，因为她自己也曾是这样，不是没有能力，而是没有被发现。果然，那个女孩在口算方面的能力非常突出。在年级决赛中，女孩仍然名列前茅。受到鼓励后，女孩的数学成绩变得越来越好；而彭晓爽也从一个沉默的数学老师变成了一个自信的"执行校长"——她还有很多梦想需要通过这个舞台来实现。

后来，"加减乘除大赢家"活动作为学校的传统活动被保留下来。5年来，40多位校级"教师执行校长"在"执政"期间策划组织了约70次校级活动，其水平与效果非过去的行政指派可比。40多位教师圆了自己的教育梦，更让孩子们拥有了特别丰富的学校生活。

2. 年级"教师执行校长"

我校建立了名为"学之缘"、"诗之友"等的6个年级执行分校，设立年级"教师执行校长"岗位，由年级"教师执行校长"（一般任期6年）"组阁"——建立年级执行分校校长管理机构。这个管理机构有自己的"教师执行校长"、"教师执行副校长"和"教师教导主任"。教师们人人都在分校中兼职，参与分校的管理，每位教师都是年级"教师执行校长"的管理助手之一。年级执行分校团队思考最多的就是：我们怎样细致、高效、有特色、有创意地完成学校的工作？怎样形成分校的风范和品格？所有工作的指向只有一个：为了孩子。

那么，年级"教师执行校长"又是怎样工作的呢？二年级唐芳校长的团队成长案例记录了他们走过的路。

2008年夏，我们的团队成立。我们为分校取名"学之缘"分校：与学结缘，因学而生。7个班级的命名取自儒家的经典文献：文博班（君子博学于文，约之以礼）、和乐班（鼓瑟鼓琴，和乐且湛）……我们希望我们的孩子成长为有修养、有学识的谦谦君子。

为了有创意、有特色、高效率地完成学校赋予我们分校的各项任务，我作为分校的"执行校长"，聘任了分校副校长、教导处主任、德育主任、财务处主任、活动规划主任、信息处主任、教科室主任、联络员、资料员、安全员，让每位教师扮演合适的角色。

我们发现，孩子们缺了点儿宁静，于是，"砺养安静"便成了孩子们目前最需要的养成教育。

怎样柔和地实施这一养成教育？我们放弃疾言厉色，轻声地和孩子们讲话；我们播放音乐，让轻柔圣洁的旋律洗涤孩子们身上的浮躁，帮助他们寻找内心的宁静；我们捧着书本，给孩子们轻声讲述，让经典故事润泽孩子们的心灵……就这样，我们引领孩子们在校园里安静地读书、生活。

于是，我们听到了来自教师和家长们的啧啧赞叹：这是最安静的一个年级！

我们开创不同的学生生活领域，拥有了一套与孩子们学习生活丝丝入扣的评价体系。

有因课堂而生的评价："倾听小明星"、"发言小明星"……

有因读书而生的评价："书虫升级乐"……

有因特色活动而生的评价：在"开心农场我做主"中评选"小小种植家"、"菜地优秀管理员"、"宣传护卫小能手"……

有因年级课程而生的评价：孩子学习年级课程《弟子规》，我们便评选"孝悌星"；我们研读唐诗，于是有了"唐诗诵读小老师"……

有因学校课程而生的评价："习惯连锁星级会员卡"让孩子们在一个又一个的习惯养成中走向完美；"特别典藏荣誉证书"发现和珍藏孩子特有的优秀品质……

我们还亲近绘本，吟诵《弟子规》，组织"唐诗专场"、"激情体育周"、"我和种子同成长"、与新加坡学校互访等系列活动……

如今，我校已有10余位教师担任过分校校长。每个年级因此成为极具战斗力的团队，在"我的年级校长"的带领下，教师们精神饱满，目标明确，尽心尽力。他们的角度与视野是全校性的，目标与归宿指向创造适合孩子的教育，指向每一个孩子的成长。在团队中，大家优势互补，互相扶持，绝不让一个人掉队；每个班都在进步，每个孩子都在成长，每个分校都在提升。

二、科层组织反转型改造的关键——文化、制度与机制的变革

我们相信制度规范行为，行为形成习惯，习惯培育传统，传统积淀文化，文化润泽制度。在5年的实践中，我们感到，科层组织反转型改造的关键是学校文化、制度与机制的变革。

1. 新的管理文化的形成

"教师执行校长"制度为教师参与学校管理提供了渠道，积淀了民

主管理文化。学校实现了在校长的指导下，校长与教师，教师与教师的沟通、协调与对话；全员都参与到学校管理中来，达成了"学校是大家的，你不能没有我，我不能没有你，我们都很重要"的管理共识。

2. 学校管理组织职能的转变

我校运用特别适合专业人才创造价值的反转型组织理论，创造性地实现了学校管理组织职能的转变：学校管理的核心人员——校长和教导主任等不再充当发号施令的角色，而是为教师提供服务。

行政人员运用管理学校的政务权力以及人力、物力、财力等行政资源为"教师执行校长"提供服务，实现决策层和操作层的积极互动。例如，为"教师执行校长"实现梦想提供调度全校教师的服务，积极帮助"教师执行校长"解决遇到的难题，划拨专项活动经费等。教导处等行政部门转变为咨询、参谋、协调和服务机构，参与到年级分校的决策与策划中，不再像以前那样作为一级管理机构向基层组织发布指令。相应地，学校管理的重心下移到年级分校层面，年级分校成为校长直接面对的基层组织。

3. 学校管理制度与机制的重建

以往，学校中层组织往往仅起传达、执行指令的作用。在管理改革中，我们力图超越这种局限，从组织的整体形态上探索在适度扁平化的基础上形成"一个校园、三级校长、两级学校、纵横交错、互为织网"的网络状管理机制。

为了最大限度地激发教师的潜力，确保人员和岗位之间的最佳匹配，我们同时使用"因人设岗"与"因岗设人"两种岗位设置方法，创造性地设置两级"教师执行校长"岗位和年级教师管理岗位。

我们构建了由四大板块组成的学校"教师执行校长"制度系统。

一是"教师执行校长"产生制度。校级"教师执行校长"由学校各学科组长商议拟定候选人员，由教导处制作选票，通过教师无记名投票民主选举产生。年级"教师执行校长"由分校教师推荐，经行政会讨论后产生。

二是"教师执行校长"工作流程制度。校级"教师执行校长"当选后，参与行政会，结合个人特点及本月工作重点，与校长进行商议；确定包含自己教育梦想的活动，学校的教导处等机构和各执行分校都将全力支持；若发现学校存在的问题，可与行政人员一起商讨解决。

年级"教师执行校长"有两种工作状态：①落实学校布置的工作，让相关教师和行政人员成为学校工作的服务者；②有创意地完成自主决策的工作，让相关教师和行政人员成为年级分校和年级分校"教师执行校长"的服务者。

三是"教师执行校长"责、权、利制度。学校为保障年级分校运行，下放相关的人事权、财务权、事务权。年级"教师执行校长"根据需要，通过团队优势和个人魅力召集有关教师，组建团队，使学校内部人事管理成为"活水"。各分校每学期有一定数额的工作启动费和常规活动费，还可根据分校工作向学校申请特色活动费。各分校的年级"教师执行校长"可在团队的预算范围内支配经费，公布经费使用情况。年级"教师执行校长"既要高效完成学校各阶段的中心任务，又依据分校情况策划、实施年级分校工作。

四是"教师执行校长"评价制度。硬系统评价——执行分校评优考核。教导处每位行政人员领衔一个分校，指导分校工作。每学年，学校从教学质量、纪律、卫生、安全、信息上传、行政印象、团队合作、团体获奖等方面对分校评分考核，据此评级奖励。软系统评价——两类执行分校工作会。学校每月召开年级"教师执行校长"工作例会，下达工作任务，了解分校运行的基本情况，解决急事、难事。这既是交流也是考核。年末，通过"教师执行校长"工作年会展示分校工作情况，各分校互相学习、互相促进。由家长代表、教师代表、学校行政人员代表和社区代表组成的评委团为每个执行分校的工作评议打分。

在机制重建方面，我们逐步完善"教师执行校长"制度，理清了各级校长之间的关系。

当家校长统领学校全局工作，适度分权，领导校级和年级"教师执行校长"，使他们从不同层面有限地参与学校管理。一位校级"教师执行校长"和6位年级"教师执行校长"是当家校长被"分权"的结果。一分7份，各织各的网。小网织成大网，每人都能牵动网。"分权"织网后，当家校长的角色从绝对责任人变成了后期裁决者，管理矛盾被转接与后移。

年级"教师执行校长"和校级"教师执行校长"的区别在于：年级"教师执行校长"要坚决完成学校日常教育教学工作和常规管理工作，校级"教师执行校长"更多的是在圆自己的一个教育梦；年级"教师执行校长"要建立一个分工明确、职责到位、相对稳定的年级"执行校长"管理机构，校级"教师执行校长"有相对固定的工作职责，没有固定的工作团队，为圆梦建立的团队松散而灵活；年级"教师执行校长"有人权、财权、事权，每个学期末，学校将对年级工作情况进行"有奖考评"，学校对校级"教师执行校长"不考核、不检查。

可见，校级"教师执行校长"虽然"官大一级"，但在实权上却比不得年级"教师执行校长"。校级"教师执行校长"相当于校级管理的志愿者，他们看重的是内心的收获。

年级"教师执行校长"与年级组长的区别在于：相对于年级组长的"领命做事"而言，年级"教师执行校长"要作管理决策。但同时，作为教师的代表，年级"教师执行校长"毕竟不是学校的最高决策者，所以，他们在管理中最常用的手段是沟通，是用专业优势去推动工作，用智慧去创造空间。

我们通过适度分权，适度确定权力的界限，尽力使各级校长的权力处于合理状态，相互协调、相互制衡，力争实现效能最大化，使"教师执行校长"制度朝着有利于教师发展、有利于推进学校民主管理、调动教师积极性的方向健康发展。

（作者为四川省成都市草堂小学校长和党支部书记）

学校在教师管理中应注意的法律问题

李开发

学校在行使自主管理教师，尤其是处理教师的权力时，必须依照法律的规定，否则很可能引发一系列纠纷，使学校陷于非常尴尬的境地。

一、事实认定问题

学校对教师作出给予行政处分、扣发工资津贴、解除聘任合同、辞退、除名、同意辞职等处理，其前提条件是事实认定清楚，证据充分、确凿。因此，学校在日常管理中要提高搜集证据和依法使用证据的意识，依据证据来判定教师是否有违规、违纪、违法、违约或提出辞职的事实。证据充分、事实清楚的，学校应当根据国家有关规定进行处理；证据不充分、事实不清楚的，学校就不能进行处理。

证据是指能够证明客观事实的一切相关资料。形式包括当事人的陈述、人证、物证、证人证言等。收集的证据要尽可能多、尽可能充分，证据之间要相互关联、相互印证和支持。下面以教师辞职为例进行说明。某校张老师向校长口头提出辞职申请，校长当场就同意了张老师的申请。过了一个星期，校长通知人事干部给张老师办理辞职手续，当人事干部通知张老师办理相关手续时，张老师却说："我不想辞职，我也没申请过辞职。"人事干部又去请示校长，校长说："当时办公室就我们两个人，张老师说得清清楚楚，明确向我提出辞职，希望我能尽快批准他的请求，我当时就同意了，我作为校长还能说假话吗？"在这个案例中，学校是否要为张老师办理辞职手续，关键是学校是否有张老师提出辞职的充分证据。张老师、校长是在场的两个当事人，他们两个关于申

请辞职的说法完全相悖，这样就无法证明张老师提出过辞职申请。

依据法律的相关规定，在收集和使用证据时还应当特别注意以下几个问题。

1. 复印件作为证据的效力问题

依据法律的有关规定，复印件不能单独作为认定事实的依据。如某校赵老师书面提出辞职，几个月后，经学校校长行政会研究，同意其辞职请求。当时研究此事时，只有辞职申请书的复印件（因为没有找到原件，该教师已不来上班），除此之外，再没有其他证据。又过了几个月，赵老师来到学校，要求继续在校工作，并说自己从未写过辞职申请书。但学校坚持要为赵老师办理辞职手续。赵老师不服，到上级主管机关进行申诉，上级申诉处理机关依据"复印件不能单独作为认定事实的依据"的规定，裁定学校的决定没有事实根据，学校不能为赵老师办理辞职手续。

2. 未成年人作证的效力问题

经常会有人说："未成年人是不能作证的"、"未成年人的证言是无效的"。果真如此吗？依据法律的规定，"未成年人所做的与其年龄和智力状况不相适应的证言，不能单独作为定案的依据"。这句话应该包含这样两层意思：一是未成年人所做的与其年龄和智力状况相适应的证言，能够单独作为认定事实的依据；二是即使未成年人做了与其年龄和智力状况不相适应的证言，也还是有效的，只是效力受到限制，不能单独作为认定事实的依据。如果再有别的证据予以佐证，就足以认定事实。

3. 利害关系人的证言的效力问题

有时我们会听到这样的话："这位老师与我有矛盾，他做的证人证言肯定对我不利，因此不能采信。"那么，这种观点是否正确呢？法律关于这一问题是如何规定的呢？依据法律规定，"与一方当事人有亲属关系或者其他密切关系的证人所做的对该当事人有利的证言，或者与一方当事人有不利关系的证人所做的对该当事人不利的证言，不能单独作为定案的依据"。

4. 违反法律禁止性规定或者以侵犯他人合法权益的方法取得的证据的效力问题

根据法律的规定，"以违反法律禁止性规定或者侵犯他人合法权益的方法取得的证据，不能作为认定案件事实的依据"。如取得证据时侵犯了他人的隐私权，这样的证据就不能作为认定案件事实的依据。

二、依据适用问题

学校在对教师违规、违纪、违法、违约或提出辞职的事实进行认定后，就面临着如何处理教师的问题，即处理教师的依据适用问题——根据哪条哪款处理该教师。这里对依据应当作广义的理解，既包括法律法规、国家有关政策和学校的规章制度，也包括学校与教师签订的聘用合同所约定的条款。

学校在处理教师时，应当坚持定性准确，依据明确、恰当，过罚相当的原则。

定性准确，指对教师违法、违规、违纪或违约行为的性质作出准确判定。主要解决的是教师的行为是否违法、违规、违纪或违约的问题，如果违法、违规、违纪或违约，那么到底违反了国家法律法规、学校规章制度或合同约定的哪一条和哪一款。

依据明确、恰当，是指对教师的违法、违规、违纪或违约行为的处理与国家和学校的相关规定或合同约定中的相应条款要有明确或直接的对应关系。如果没有，就是依据不明确、不恰当。

过罚相当，是指使教师所犯错误的情节和性质与所受的处理程度相

当，即处理恰当。

例如，某校在与张老师签订的聘用合同中约定，"如果张老师聚众斗殴，学校就有权解除合同"。后张老师在酒馆喝酒时，与邻座的两个人因言语不和打了起来。学校知道此事后，进行了详细的调查，根据收集到的证据，认定张老师与另外两人打架的事实。学校依据聘用合同中约定的上述条款，作出了解除聘用合同的决定。张老师对此不服，向人事仲裁机构申请仲裁。仲裁机构裁决学校违约，因为张老师的行为不属于"聚众斗殴"，学校解除合同的适用依据有误。

三、处理程序问题

如果法律法规、国家政策、学校规定或合同约定明确了处理教师的程序，那么，学校在处理教师时，一定要按照规定或约定的程序履行，否则，可能导致整个处理无效。

例如，赵老师于 1990 年书面提出辞职申请，并将申请书交给校长，校长说："行了，放这儿吧。"自此，赵老师便不再来上班了。1998 年，赵老师又回到学校，要求学校分配工作，要求上岗教书。校长说："你不早就辞职了吗？"赵老师说："校长，您不是至今也没履行批准程序吗？直到现在，您也没批准我的辞职报告，也没告知我转档案关系，说明您不同意我辞职，我现在还是学校的职工，当然有权利要求上岗。"当时，校长被问得哑口无言。这里，既有学校未按程序及时批准赵老师辞职申请的问题，也有学校该不该按照无故旷工及时对赵老师作出处理的问题。

学校对教师作出处理意见后，还有一个送达程序的问题。送达的法律意义在于：一是决定对教师处理的生效日期，反过来说就是，不送达不生效；二是教师如果对学校的处理不服，可以行使申诉权、申请仲裁权、诉讼权等。某校于 1993 年给职工分房，校车队的司机张某认为自己应当分一套两居室，多次向校领导反映此事，后来又到会场大吵大闹。校长就让车队队长告知张某不用来上班了，在家停职反省。车队队长就给张某写了一张纸条："遵校长指示，通知你从明天起不用来上班了，在家停职反省。1993 年某月某日。"1999 年，校人事干部在清理在编不在岗的职工时，发现张某已几年没来上班，于是对张某作出了自动离职的处理决定，并将决定书放进了张某的档案里。2001 年，张某拿着车队队长写的纸条找到校人事部门，说要汇报汇报自己的情况：一是经过几年的反省，认为自己没有错，学校还应分给自己两居室；二是要求上岗，希望学校能给安排一个好点儿的工作；三是要求学校补发这几年的基本工资并报销医疗费。学校人事干部讲："你无故旷工几年，1999 年你就被学校按自动离职处理了。"但张某讲，自己从未接到过学校的自动离职处理决定文书，不送达不生效，自己的档案人事关系一直在学校，因此自己还是学校的人，有权提上述要求。这个案件中涉及的问题主要是学校未履行送达程序。

有人可能会问，学校有时也想将处理决定文书送达给被处理教师，但被处理教师不签字，或根本找不到被处理教师怎么办？参照法律的有关规定，在实践中，法院认可的送达方式主要有以下几种。

一是直接送达，学校将处理决定或解除、终止合同通知等文书直接交给教师本人，由教师本人签收。如果本人不在，可交其同住成年家属签收。

二是留置送达。被处理教师或者他的同住成年亲属拒绝签收该文书时，学校送达人应当邀请有关人员到场，说明情况，记明拒收事由和日期，由送达人、见证人签名或者盖章；把送达的文书留在教师的住所或者收发部门，即视为送达。

三是邮寄送达。直接送达处理决定等文书确有困难时，也可通过邮局用挂号方式邮寄给被处理教师。邮寄送达应附有送达回证。挂号信回执上注明的收件日期与送达回证上注明的收件日期不一致的，或者送达

回证没有寄回的，以挂号信回执上的收件日期为送达日期。

四是公告送达。被处理教师下落不明，或者通过其他方式无法送达的，可以公告送达。学校可以在报纸上刊登公告。自公告发出之日起，经过 60 日，即视为送达。公告送达，应在材料中记明原因和经过。

此外，学校也可以通过公证处公证方式协助送达学校的相关文书。

（作者为北京市教委民办教育处处长）

第三堂课

研究学生

YANJIU XUESHENG

我们真正了解学生吗？

陈
艳

笔者在做心理咨询时常常感到，教师虽然天天与学生在一起，但并不一定真正了解学生，比如，他们在学生管理中就常存在以下几种心理误区。

误区一：把心理问题当做德育问题

案例1：某位男生从小自控能力差，进入初二年级后更是情绪多变，经常无理由地发脾气，不做作业，甚至在课堂上拍桌子、说脏话。班主任和德育处老师多次找他做思想工作，劝他要好好学习，遵守课堂纪律，但他却屡教不改。

对于不做作业、不认真上课的学生，以往学校一般都是通过班主任、教导处、德育处进行协同教育，效果往往不错。然而这个学生的问题却仍长期存在，原因到底是什么呢？后来在心理咨询过程中，我发现该生对学习、对教师并没有特别的厌恶感，只是有时候他会感到一种莫名的烦躁，什么都不想听，只想摔东西、骂人。教师认为他是故意与自己作对，结果导致师生关系更加紧张，他也更加烦躁。

这个学生的情况看似德育问题，实际上却是因青春期心理的不稳定造成的。学生进入青春期后，情绪的感受和表现形式更加强烈、丰富，却不如成人稳定。生理发展迅速与心理发展相对滞后的矛盾使这一阶段的学生容易出现烦躁、焦虑心理，而对于自控能力比较差的学生来说，表现更加明显。学会用合理的方式宣泄消极情绪、提高自控能力正是该生目前最需要的。

案例2：某班最近发生了一件怪事：好几个学生的日记本相继被偷，可没过多久，这些日记本又莫名其妙地回到了主人的书包里。后来经过明察暗访，发现是班上的学生李某所为。于是班主任找李某谈话，给他做思想工作，并告诫他以后不能再偷别人的日记本了。可是没过多久，李某的老毛病又犯了。班主任无奈之下找到了李某的父母，要求他们对李某进行严格管教，否则学校将给予处分。李某父母没想到自己孩子的品德如此低下，一气之下就将孩子狠狠教训了一顿。李某后来找到我，向我求助。他说他知道偷看别人的日记是不对的，可就是压制不住自己的好奇心，好像有一种"心魔"控制着他。

在很多教师和家长看来，偷窃别人的东西属于品德问题，需要加强思想教育。但在本案例中，李某的行为是强迫症的一种表现，是典型的心理问题。

心理健康教育和思想品德教育在目的、内容和方法上有本质的不同。前者主要通过平等协商的方式了解学生的内心感受，解决学生的心理困惑，帮助学生走向成熟。而后者主要通过居于主导地位的教育者的身份，让学生认同并接受高尚的道德规范和社会主流价值观。德育问题和心理问题在表现形式上具有相似性，由于很多教师缺乏专业的心理学知识，因此总是习惯于用德育方法处理学生的心理问题，这样不仅无法解决问题，反而会使问题复杂化。

误区二：把学生问题复杂化

案例3：小东和小红是初一某班的学生，两人关系非常好，经常一起吃饭、逛街，互送小礼物，还称对方是自己的"恋人"。班主任得知此事后，认为小东和小红有"早恋"倾向，于是郑重其事地找他们谈话，劝他们要把时间和精力用在学习上。双方父母也很紧张，开始检查自己孩子的日记，跟踪监视，想尽办法减少两人见面的机会。

这引起了两人的不满，开始与父母玩起"猫抓老鼠"的游戏。班主任没有办法，希望我对他们进行心理辅导，帮助他们从"早恋"中解脱出来。

我找到他们，希望以朋友的身份了解一下他们各自的想法。他们说："我们确实彼此欣赏，两人在一起感觉很快乐，但绝不是老师和家长想象的那种关系，他们凭什么不让我们在一起？他们越是阻止，我们就偏要在一起。"当问及为什么要称对方是自己的"恋人"时，他们有点不好意思："现在很流行呗！我们只是觉得好玩而已。"

现在很多教师和家长对学生的"早恋"问题十分敏感，只要看到男女生关系比较好，就会担心他们有"早恋"问题。其实，处于青春期的学生渴望与异性交往的心理是十分正常的，他们之间所谓的"恋爱"更多地带有"赶时髦"、"好玩"的成分，与成人眼中的"恋爱"并不是同一个概念。教师和家长不必过分担忧，更不能采取跟踪、监视等手段，把问题扩大化。否则，正如本案例一样，在学生逆反心理的作用下，问题很有可能变得更加复杂。教师和家长应该教给学生如何与异性交往的技巧，而不是遮遮掩掩或横加干涉，引发学生的好奇心或逆反心理。

误区三：把学生问题简单化

案例4：在小学一年级的语文课上，教师在教学生写汉字。由于刚入学不久，所以学生写的字歪歪扭扭。教师说道："中国有句古话，叫'字如其人'，意思是一个人写的字可以反映出这个人的人品、性格，因此你们在写字时一定要认真，把字写整齐喽。"此后，小云在写字时就减慢速度，一笔一画认认真真地写。有时写了又擦，擦了又写，直写到自己满意为止，虽然她知道没有必要这么做，但就是控制不住自己。教师并没有意识到问题所在，还经常表扬小云写字认真。结果，小云写字

的速度越来越慢，一节课还写不到10个字。

在上述案例中，小云的行为其实是强迫症的一种表现。引发强迫症的原因有很多，包括家庭遗传、儿童性格、教育方式等。小云性格内向，做事追求完美。当教师把写字与人品、性格联系起来后，小云为了把字写好，开始减慢速度，并不断修改。这种行为因教师的表扬而被不断强化，最终到了她自己无法控制的程度。这个案例提醒我们：儿童和成人对于同一件事的理解是不同的，在教师看来很小的一件事，对学生心理的影响可能是巨大的。因此，教师在日常教学中一定要关注细节，多从学生角度进行换位思考，以免把学生问题简单化。

误区四：有竞争才会有动力

案例5：某语文教师为了激发学生的学习动机，制定了一套竞争规则：每次作业做得好或课堂表现好的学生可以得到一面小红旗，集满50面小红旗的学生可以在班级的"荣誉树"上贴上一片写着自己名字的"叶子"，等到"叶子"集满10片，就可以贴上一朵"花"。单元考、期中考、期末考的成绩根据其重要性配上相应的"花朵"数。每学期统计一次，根据"花朵"数量对学生进行奖励。

活动开展之初，学生的积极性很高。过了一段时间，学生的学习积极性开始出现差异。一学期后，只有部分优秀生仍比较积极，部分成绩差的学生要求教师不要再开展此项活动，大部分中等生则对此表现漠然。一些学生为了保持自己的优势，不愿意帮助其他同学，甚至互相攻击，班风大不如前。

很多教师对竞争有一种迷信心理，认为竞争可以调动学生的学习积极性。这是一种认识误区。一般说来，实力相近的学生之间开展竞争，的确能在一定程度上调动学生的积极性。如果竞争者实力悬殊，那么实力强的学生即使赢了也不觉得自豪，实力弱的学生输了只会再次强化"我不如别人"的观念。对于实力相近的学生来说，由于每个人的个性不同，他们对竞争的态度也各不相同。有的学生喜欢竞争，希望通过竞争发现自己的不足和别人的优点；有的学生害怕竞争，担心一旦失败，会导致别人对自己的能力作出否定性评价，因此他们通常会逃避竞争，即使参加竞争，也不愿太努力，这样在失败后，他会说："不是我（能力）不如他们，只是我没有努力罢了。"另外，学生长期处于竞争的环境中，过分关注学习的外在动机，不能真正体验到学习本身的快乐，随着时间的推移，学习的积极性也会下降。

误区五：学生都喜欢被表扬

很多教师认为，学生都喜欢被表扬，希望自己的价值得到肯定，因此在教学中多用表扬策略可以调动学生的学习积极性。这种观点有一定的道理，但必须分清两种不同的表扬：能力取向的表扬和努力取向的表扬。能力取向的表扬是对学生的能力所作的一种评价，如"真聪明"、"真棒"；努力取向的表扬是对学生完成任务的努力程度所作的一种评价。表扬应指向学生的努力和策略运用，而不是能力和个性特质。那些经常接受能力取向表扬的学生在遇到挫折时更容易放弃，因为他们害怕自己努力后仍无法达成目标，由此导致别人对自己的能力产生怀疑。另外，当学生完成简单任务后，不要随便给予他们表扬，因为这种表扬会使学生得出自己能力低的推论。

误区六：旁观者的看法比当事者的看法更客观、更可信

人们常说："当局者迷，旁观者清。"所以一些教师在处理学生问题时，更愿意相信旁观者（教师或其他学生）的看法，认为他们的说法比

当事人的说法更客观、更可信。这种观点也存在偏颇。从信息学的角度来说，当事人掌握的信息比旁观者更完整，而且对信息的理解与旁观者也可能有明显的不同。教师在处理学生问题时，不能只看学生的行为表现，更要了解学生为什么这样做，这就要求教师重视当事人的看法，以使自己在解决问题时更加公正。

（作者为中国人民大学附属中学第二分校教师）

老老实实"把学生当学生"

叶翠微

学校的本质形态首先应该体现为"把学生当学生"。怎样"把学生当学生"？我们看重4件事。

一、学生的身体健康

一所学校有没有人道主义风采、是不是学生的学校，首先要看学生的身体是不是健康。我校获得过很多荣誉、有很多头衔，我很高兴，但2009年，让我最高兴的一件事，是我们学校获得了这样一个荣誉——浙江省教育厅以浙江省261所示范高中作为统计对象，对2008年考入浙江省二本以上大学的一年级学生做了一个拉网式的身体素质普查，对他们基本的身体素质机能、体质、运动习惯、运动素养等进行了综合测试，结果，我校的各项指标都稳稳地排在了前面。我认为，这个对我们来讲是最重要的，我们交的这份答卷是真正的良心卷。当然，这个指标不具有国际比较意义。之所以说不具有国际比较意义，是因为我把这些指标跟日本同年段的指标进行比较，结果发现，我们只有"身高"这一项指标有优势，其他的都不具有优势。这就意味着，我校作为浙江省学生身体素质最好的一所优质学校，在这方面也根本无法跟人家比。

所以我们必须变革。怎么变？就是老老实实回到教育的原点上，把孩子们的身体健康放在第一位。我校非常重视上好体育课、安排好每天下午课后的学生体育活动。另外，我校有14个学生体育俱乐部。平时的运动会，一般的学校开一天，好的学校开两天，而我们一开就是三天……我感到，这样做以后，我们赢得了老百姓，特别是学生家长发自内心的尊重。

二、学生的休闲体验

我们一定要让学生有真正休息的时候、真正休闲的体验。怎么办？就是学校要把节假日、寒暑假、双休日全部还给学生。我校还专门开设了选修课，给学生讲如何休闲。

我认为，对于18岁以前的孩子来说，我们一定要让他有浪漫的生活；有跑一跑，同时也可以停一停的时候，有"踩刹车"的时候。未来主流人群最显著的特点之一无疑是有高学历，但要看这个高学历是不是用适度的休闲生活换来的。现在大学里自杀的大多是那些苦读苦学、没有"踩过刹车"的人。在我看来，如果一个十七八岁的孩子从来没有真正地玩儿过，没有真正地"疯"过，没有真正的双休日，那么他的人生必定是残缺的。

三、学生的兴趣绽放

我主张，当孩子们对某个领域、某个项目、某个活动如痴如醉的时候，我们就让他淋漓尽致、洋洋洒洒、做到极致。有一个学生，当年是以高出我校两分的成绩考进来的，当他第一次参加我校的开学典礼、走进学校典雅的音乐厅时，他震惊了。开学典礼后，他对我说："校长，我是以高出二中最低录取分数线两分的成绩进来的，如果3年后，我是以二中优秀学生的成绩走出去的话，那么，我想在您今天讲话的这个会场举办一场个人音乐会，您同意吗？"我说："好，我们来一个君子协议！"2009年，他参加了国内高考，考得非常好，同时也参加了美国的高考，最后被美国一所大学录取。他说："校长，您要兑现承诺。"我说："好的，你自己到同学中去拉票。"他说："没问题，保证座无虚席!"结果,他获得了成功。过了一段时间,我说:"你这个瘾是不是过得还不够,你敢不敢去浙江省音乐厅举办个人专场音乐会?"他说:"我想想,和家里商量一下。"后来,他真的在浙江省音乐厅举办了个人专场音乐会。他成为浙江省第一个在省音乐厅独立举办个人音乐会的中学生。

我想,孩子们如果有类似的经历,那么,当他白发苍苍的时候,不管自己有没有成就,至少都会有一段很美好的回忆。

四、学生的真性成长

在培养学生的过程中,我们一定要讲"一个中心、两个基本点"。"一个中心"就是以人性的成长为中心,强调"人格"、"人权"、"人道"。"人格",就是我们作为人,要有一种尊严、一种是非观;"人权",就是我们既有权利也有义务;"人道",就是我们要关爱弱势群体、尊重他人,要珍惜这样一个五彩缤纷的世界。"两个基本点":一是学生要有个性,要体现出不可替代性;二是学生要有灵性。

(作者为浙江省杭州第二中学校长)

所谓学生

魏智渊

　　我在自己的"教育吉普赛人"生涯中，遇到过各种各样的学生：小学生、初中生、高中生，山村学生、县城学生、都市学生，公立学校学生、私立学校学生、转制学校学生，西部地区学生、南部地区学生、东部地区学生，特别优秀的学生、相对落后的学生……一路走来，无限感慨。

　　大体而言，农村的、西部的学生，比较老实木讷、视野狭窄，易于管理；城镇的、东部的学生，比较敏捷好动、善于交际，难以控制。公立学校的学生相对处于弱势，教师相对处于强势，私立学校则恰恰相反。小学生比较活跃，初中生最难控制，高中生最为古板。

　　单以学业成绩和学习习惯而言，我教过的最好的学生是县中的学生。这些学生大多家境贫困且家庭重视教育，又是从乡村学校层层选拔上来的考场上的胜利者，他们学习非常刻苦，上课纪律非常好，作业一丝不苟，能够很好地执行教师下达的各种超负荷学习的指令。这些学生承担着家庭甚至整个学校的重托，仿佛整个机器上的一颗颗优质的螺丝钉。站在讲台上的教师往往也是最优秀的教师。这种教学最容易使教师产生成就感，经常会生出"得天下英才而教之，乐也"的感慨。教师不需要给学生做太多的思想工作，一切以学习为中心，唯一的思想工作就是激励。以往考上清华、北大的学生是在校生的榜样，状元学生往往会成为学校的一种精神财富。

　　我教过的最令人头疼的学生是私立学校的学生。我离开县中刚进私立学校的时候，感觉像一下子从天堂落到了地狱里。谁能够想象得到，哪怕是一次普通的考试，也有半数以上的学生在作弊？更重要的是价值观的颠倒，作弊在这里并不可耻，而谁要是拒绝作弊，倒有可能成为被同学排斥的另类。在这里，公立学校教师的天然权威很快就被瓦解了，每一个学生都仿佛生活在自己的天地里，各有各的想法，你不知道他们的脑子里下一刻会转动什么念头，要他们跟着老师的步伐走，简直是开玩笑。每一个教师都要经过一段痛苦的适应期，经历一次痛苦的蜕变，才能够真正地"生存"下来。

但是今天，当我暂时离开讲台，回顾自己走过的各种各样的学校时，却不能不承认，身心最健康、最让我难忘的，其实是我带过的私立学校的那群孩子。

就精神面貌而言，我所接触的私立学校的学生远胜过县中的学生，更不用说乡村学校的学生了。藐视权威、个性张扬，是他们的突出特点。他们动辄联合起来讨公道，让许多教师颇为尴尬，言行不得不格外谨慎。他们开朗大方、不拘一格，浑身上下洋溢着青春的活力。在这里，体育和艺术总是受到格外的重视，学校里学钢琴的、学舞蹈的、学跆拳道的学生为数不少。不同群体有不同群体的偶像，那些考试成绩优异的学生往往并不是大家关注的焦点。这种情形倒与美国的学校有些相似。让我感触最深的是，在这里，男生活得更像男生，洒脱不羁；女生活得更像女生，温柔可亲。男女生之间性别差异明显，交往也比较频繁。为了适应他们的需要，学校每年都举办元旦篝火晚会、歌咏比赛、组织文艺表演、时装表演，等等，这样的日子几乎成了他们的狂欢节。在这些场合，他们的活力与美表现得更加淋漓尽致。在与人交往上，他们非常大方得体，对老师也远较公立学校学生亲近，经常会看到女生与女教师携手并肩形同母女。在课堂上，他们很难适应僵化的教学方式，教师如果不能及时调整教学状态，就很难应对他们的各种反应。总之，教师在他们面前难以依赖其天然权威来管理，只能以自己出色的专业能力赢得他们的尊重。

许多教师对私立学校学生存有偏见，这往往与教师天然权威的丧失有关。但平心而论，私立学校的学生也有正义感，许多学生比公立学校的学生更为单纯。他们中不少人很另类，但并非所有的人都不喜欢学习，有相当数量的学生对学习有浓厚的兴趣，也很刻苦，只是他们中的大多数人无法适应僵化的应试教育模式，他们蓬勃的生命力也很难被三点一线的生活所约束。他们中的许多人注定是应试教育的失败者，但这并不妨碍他们在一些学科上具有优势，比如在语文方面，他们中的许多人阅读面广，课堂上发言踊跃，敢于提出自己的见解，写出来的文章也生动活泼，至少在我的经验里，比县中那些学生要好很多。

相形之下，我所教过的公立学校的学生特别是县中的学生，精神面貌普遍较差，往往表现为性格内向，沉默寡言，不苟言笑。他们生活三点一线，缺乏艺术修养，几乎没有体育锻炼，稍微活泼一点的学生基本上都是教师"打击"的对象。特别令人悲哀的是，男女生之间性别差异很不明显，一律表情木然。他们也尊敬教师，但几乎不表达出来，甚至许多时候会在课堂之外躲避老师，师生的交流沟通在很多时候都是单向的，一方下达指令，另一方执行。"吃得苦中苦，方为人上人"是许多人的不二信条，并被家长与教师不断强化。许多人肩负着振兴家庭的责任，少年老成。但若仔细观察，我们就会发现，这种县中的学生，往往有比较多的心理问题。善良、敏感与冷漠、自私奇妙地交织在一起，形成一种病态的人格。县中辉煌的背后，往往是另一番"血泪"。甚言之，县中并非没有问题学生，县中产生的问题学生往往问题更大，许多恶性事件都发生在县中。实际上回头想想，在县中模式下，除了少数考上名校的所谓的成功者外，更多的人将带着怎样的烙印走向成人？"一将功成万骨枯"是多么令人心痛啊！

县中的学生和私立学校的学生相比，学业上无疑更为成功，但是生活上或许更为失败，更缺乏幸福感，适应社会的能力更差，这是我的一个大致印象。许多人离开县中以后，很长时间仍然无法摆脱无形的枷锁。

　　作为父亲，我希望我的女儿能够活得像私立学校的那些学生一样，洒脱、开朗、大方，宁可付出成绩的代价也要像个孩子一样地活着。作为教师，假如可以重新选择学生的话，我或许仍然会选择与私立学校的学生在一起。

　　当然，谈什么问题都不能绝对化，有的公立学校也很宽松、学生也很阳光，而有的私立学校比县中有过之而无不及。我所说的公立、私立学校仅是指我的教育生涯中经历过的几所学校而言。但无论如何，我希望越来越多的教师能够意识到：真正健康的学生，绝对不是被剪除了枝权的学生。不去发展自身的专业能力，仅仅为了管理的方便，而一味地"夭"梅、"病"梅，应该成为教师之耻、教育之耻。

　　　　　　　　　　　　（作者为新教育研究中心研究员）

学生研究：唤醒校园里沉睡的数据

李希贵

在我们所做的一次针对学生进行的"你心目中的好教师"的调查中，学生们给出的好教师的 10 个要素，排在前 4 位的，竟然全部和教学无关；10 个要素中，和教学直接相关的只有 4 个要素。学生心目中的好教师的 10 大要素（从最重要到最不重要排列）是：①和蔼可亲，善解人意，尊重学生，与学生做朋友；②用平等的眼光看待学生，一视同仁，他们的眼里没有个别或特殊学生；③不讽刺挖苦学生，不出口伤人；④不体罚或变相体罚学生；⑤教学方法独到、新颖，语言幽默、生动，课堂气氛活跃；⑥有渊博的知识；⑦能虚心听取学生的意见；⑧不拖堂；⑨布置作业适当；⑩不随便找家长来学校，不向家长打小报告。

这样一个调查结果，给我，也给教师们以极大的震动：我们总是在深挖教材、研究教法，我们有多少时间在研究学生？

一、当前学校管理并未真正以学生为中心

研究学生本是学校的中心工作，但在实践中我们发现，许多学校并未把研究学生列入议事日程。仅以学校办公会的主题为例，笔者曾经对山东省潍坊市 6 所学校（小学、初中、高中各两所）的办公会主题进行了调查，结果发现，研究学生的主题（只要和学生教育有关的议题均统计在内）只占 19.8%。

学校办公会应该研究什么？我认为应该研究两项工作：一个是学校的中心工作，一个是例外事项。而学校的中心工作就是课程和学生，因

为课程是我们为学生提供服务的载体，而学生是我们直接的教育对象。但目前学校办公会大部分时间用在了常规工作（汇报和布置）上，涉及课程和学生的会议只占50％左右，学校管理的重心由此可见一斑。学校管理者并未对学生给予应有的重视，与我们的学生观有关，与我们研究学生的方法有关。

二、从树立正确的学生观开始

我曾经听了这样一节语文课。教师让学生背诵课文，一个学生站起来背了一遍，教师表扬了他："你能第一个起来背诵，很好，我们为你鼓掌！"第二个学生背诵的比第一个学生好，教师也表扬了他："早知道这样，应该叫你第一个背！"教师在表扬第二个学生的时候，第一个学生深深地埋下了头。

一次，我在乘坐飞机的时候，将用完的废纸杯递给正在忙于其他服务的空姐，空姐微笑着说："请您等一会儿。"然后让我等了十几分钟也没有取走纸杯。同样的情景，在另一次航班上，空姐没有特别的微笑，但是很自然地将纸杯接了过去，我对她报以微笑。

某饭店总经理每天11：20准时出现在自助餐厅，品尝每一道菜的味道，以此来评价厨师的工作。那么，厨师工作的好坏是以总经理的口味为标准，还是以顾客的口味为标准？

这些故事让我们反思，在学校管理中，我们是追求教师所认为的课堂的成功，管理者所认为的制度的成功，还是学生的成功？我们应该树立什么样的学生观？

带着这样的思考，我们开始把视角转向学生，不断地倾听学生的声音。学生观不再是口头上的表达，而是变成了实实在在的行动。

三、研究学生：唤醒校园里沉睡的数据

有一次，一位家长找到我，请我帮助他的数学成绩不稳定的儿子。他拿来孩子一个学期 9 次数学考试的卷子后，我先对该生的成绩进行了统计（见表 1）。

表 1   该学生上学期数学历次考试成绩统计

考试类别	1	2	期中考	4	5	市检测	7	8	期末考	平均
分数	126	103	91	116	121	102	98	118	98	108
班名次	18	22	43	13	8	28	26	15	40	28

统计表显示，该学生的数学成绩极不稳定，班级最好名次为第 8 名，最差名次为 43 名。仔细分析后我发现，该生期中、期末考试和全市检测时，成绩下滑明显；而单元测试则有明显的优势。

后来，经与家长交流，得知该生前一个学年度与数学教师闹矛盾，知识出现过断档。这学期换了教师后，每遇小考考查临时学的内容，成绩就好；但当大考涉及以往的知识时，成绩就明显下降。因此，该生表面上的问题是成绩不稳定，而实际上要解决的问题是补充前面的学习内容。

由此可见，我们应该唤醒校园里沉睡的数据，用数据表达事实，将数据转化为信息。当这些沉睡的数据被唤醒后，解决问题的思路和方法就会一目了然。

1. 唤醒学校管理中的数据

我们曾经对山东省潍坊市 50 所学校学生的作息时间进行了调查，结果如下（见表 2）。

表 2　50 所学校学生的午休情况

午休时间（分钟）	60～75	80～90	95～100	105～125
学校数（所）	13	19	10	8
占被调查学校的比例（％）	26.0	38.0	20.0	16.0

调查结果显示：58.0％的学校学生的午休时间在 80 分钟至 100 分钟之间，4.0％的学校学生的午休时间超过 120 分钟。学生午休时间最短为 60 分钟，最长为 125 分钟，平均为 88.2 分钟。

这 50 所学校同在潍坊市，为什么学生午休时间差别这样大？这种差异是否会影响学生的学习与生活？深入调查后我们发现：学生午休时间超过 90 分钟以后，午休时间越长，下午第一节课打瞌睡的学生越多；同时，午休时间越长，晚睡的纪律越不好。心理学家与生理学家的研究告诉我们，人一旦进入深度睡眠状态就不易清醒。这个调查让我们发现了学生午休的最佳时长。

2. 唤醒课堂教学中的数据

在企业，如果一条生产线出了次品，那么管理者通常会通过检查生产过程、改进生产工艺来解决问题，而不是增加生产时间。遗憾的是，在传统的教学模式下，如果教学结果令人不满意，那么学校一般采取的应对措施是增加教学时间。随着改革的不断深入，我们终于发现，改进教学的核心问题，不是增加教学时间，或单纯地把时间还给学生，而是要在教学中把思维的过程还给学生。

2006 年 9 月开学的第一天，我到一所初中听了一个班级一天的 6 节课。听完后，对学生进行问卷调查，其中一个项目是问学生最喜欢哪一堂课、哪一种教学方法。在收回的 73 份问卷中，有 43 名学生最喜欢历史课，最喜欢历史教师的教学方法。听课后的第三天，我们对其中 4 节课的教学内容进行了测试，测试题目非常简单，结果全班学生语文平均分 78.6 分、数学 81.75 分、英语 71.42 分、而学生最喜欢的历史课却只有 56.3 分。

为什么学生最喜欢的课却效能最低？分析这节课的教学流程，我发现，这节课几乎没有学生自主活动的时间，绝大部分时间用在了师生对话等互动环节上。师生共互动讨论了 17 个问题，其中前 8 个问题都是陈述性知识，答案是唯一的，就印在教材上，不需要讨论。这种假问题占全部问题的 47.1%，共耗时 23 分钟，占课堂教学时间的 57.5%。假问题占去了大量宝贵的时间，影响了真问题的解决。课堂上有 23 个学生参与互动，占全班学生的 31.5%，没有参与的学生对所提问题表现出事不关己、高高挂起的态度，课堂效能低的原因也就可想而知了。

对课堂教学流程进行数据分析，能帮助我们发现无效或低效的教学环节；统计教学常用语出现的频率，可以帮助我们改善教师的课堂教学语言；对学生参与课堂教学的情况进行统计分析，可以发现座次排列对学生学习的影响……总之，课堂上的问题总能用数据表达出来。

3. 唤醒有关学生学习的数据

对学生的学习结果进行数据分析，可以使我们找到最有效的教育教学策略。下面以我们对高一期末统考分数相同的 5 名学生进行的分析为例进行说明（见表 3）。

表 3　总分为 586 分的 5 名学生的成绩统计

学生姓氏	语文	数学	英语	物理	化学	总分	低于 5 人平均分数的科目
杜	119	141	130	100	96	586	数学、英语、化学
赵	109	145	142	98	92	586	语文、化学
王	117	146	125	98	100	586	英语
郭	117	145	132	92	100	586	英语、物理
徐	104	144	140	100	98	586	语文、数学
5 人平均	113.2	144.2	133.8	97.6	97.2	586	

（注：此次考试潍坊市最高分为 599.5 分，586 分列潍坊市第 14 名）

我们首先来看这5人的相同点。①4人学习态度比较端正、认真，1人认为自己不够严谨；5人都自认为自己学习刻苦程度一般，但班主任认为他们都很刻苦。②5人都有兴趣学科，也都有弱科，而且期末考试弱科成绩都低于5人的平均分。③5人都能尊敬师长，团结同学，文明交往，遵纪守法，有较强的社会责任感。④4人具有良好的合作精神，喜欢或善于与别人合作，喜欢与人交往；1人认为自己不是很擅长与人合作，交流能力不强，认识人不多，更喜欢独自做事。⑤家庭背景虽然不同，但父母在做人、性格、爱好等方面都对其有较大影响。

我们再来看这5人的不同点。①学习方法各不相同，都有自己独到的方法。②作息习惯不太一样，2人按时作息，1人早起早睡，1人早起晚睡，1人爱睡懒觉。③消费水平各不相同，但都不是很高，生活费每月大都在150元至250元之间。④虽然都是普通家庭，但家庭背景不同，3人父母是农民，1人父母是普通职工，1人父亲是教师。⑤兴趣学科、弱科各不相同。

分析这5位学生的共性特征，我们会发现成绩优异学生的共同点：学习态度端正，刻苦努力；尊敬师长，团结同学；善于交往，责任感强；有良好的家庭影响，有兴趣学科。同时，也能发现他们的个性差异。这种分析可以帮助教师更好地尊重每个学生的个性差异，制定相应的教育策略，发挥每个学生的优势、特长。

4. 唤醒有关学生生活的数据

对学生生活方面的数据进行统计分析，能够帮助我们发现一些规律和问题。

例如，我们通过调阅学生用餐卡刷卡的时间，就能直接了解学生的一些基本动态。如，在统计某班学生一周的用餐时间后，我们发现：有一位学生，一周内全是在开饭后20分钟时用餐。深入访谈后得知，这个学生很会利用时间，当别人都在排队买饭时他在教室里学习，开饭20分钟后餐厅里基本没人排队了他才去吃饭。这个学生在智力方面并没有

什么优势，但学习成绩一直遥遥领先。

另一位学生，用餐时间呈特别均匀的折线，一天早一天晚。原来这个学生是从外地转学来的，每隔一天，他都在别人用餐的时候去冲淋浴。

开饭45分钟之后用餐的有7人，这7人所消费的餐费约等于30人的餐费。原来，这些学生来自一个学生民间足球队，他们下午第三节课后去市里的体育场踢球，回校后委托几个人把全队的晚饭打回来，其他人盥洗完就直接上晚自习，上完第一节晚自习后才吃饭。

还有一位女生，连续三周都没有消费记录。我们调查后发现，原来有一个男生天天给她买饭。我们把这样一些统计结果告诉了教师，教师们变得更加关照每一个学生。对那位女生，班主任给予了特别的关注和引导，那位女生妥善处理了与那位男生的关系问题，后来发展得很好。

5. 唤醒教育教学设施中的数据

在教育上，经常发生的现象是资源配置严重不合理。一次，我到一个地区参加国家级课改实验区示范学校的验收，一所学校图书馆里配备着豪华的沙发、阅览桌，但书架上只有100多本书；在一所小学校园里，学校仅有的三个篮球架都是成人规格的。

如何评估学校的设施是否能满足学生需求，有利于学生发展？我感觉至少应该有这样一些标准：学校建筑面积中直接用于学生的比例，学校的各种教学设施是否放在学生随手可及的地方，相同资源带来的学生与教师、学校的不同发展情况，等等。

（作者为北京十一学校校长）

研究"笨"学生

刘晓晴

在教学中，我们常会碰到这样一些学生，他们上课认真听讲，下课认真完成作业，可考试成绩却不甚理想，尤其是遇到略有变化、陌生的试题时，就会败下阵来，反而会让几个平时不怎么用功的学生占了上风。一来二去，这些学生慢慢就"明白"了自己"笨"。有耐心的老师面对他们时，除了讲得慢些，多讲一两遍外，也没有更好的办法；没有耐心的老师早就对他们不抱什么期待了。

这种情况在学生学习高中物理、数学等学科时表现得较为突出。这些学生中包括为数不少的女生，甚至有一些总成绩优秀的人。我们当然可以宽慰自己说，这正好验证了"多元智能理论"，同时为高中新课程的个性化课程构架的合理性提供了例证，但这并不能够让我们对这样一批批学生熟视无睹：他们笨鸟先飞，舍弃了许多休息时间；他们以勤补拙，把可能印到考卷上的题目不知练了多少遍。作为以学科教育为主业的教师，我们不能不追问：在影响学生学习效果的复杂系统中，教师可以自主抉择的变化契机在哪里？笔者认为，在于研究"笨"学生。

10年前，我们使用"口语报告"技术进行了"高中生解决陌生物理问题的实验研究"，踏上了研究"笨"学生之旅。笔者认为，只有揭示"笨"学生的学习过程，发现他们"笨"在哪里，我们才可能找到帮助他们的具体方法，才可能慢慢明白"我们是怎样把学生'教'会的"，才会真正提升教育的专业化水平。

一、研究"笨"学生的方法

我们常常通过外部观察、交流谈心等方法来了解学生的思想状态，通过学生的作业、考试情况来了解学生对知识的掌握情况，并依据教育经验推断学生的思考过程，从而给予相应的点拨指导。实践证明，这些贯串在教学之中的研究学生的方法都是卓有成效的。

但对于"笨"学生，这些经验性的方法常常不灵，要深入研究他们解决数理等难题的症结，就必须了解他们在解题过程中的每一个思维细节，寻找更有针对性的研究方法。

在认知心理学的创建与发展过程中，诞生了一种被称为"口语报告"的研究方法。它一般在研究"持续时间较长、内部心理操作十分复杂的思维过程"时使用。借鉴这一研究方法，运用其中"获取信息"的操作技术，我们可以直接获取学生解题时大脑的思维信息。

"获取信息"的操作主要要求被试在解题过程中"说出正在想的或正在做的（不需要任何解释）"，研究者通过录音记录获取即时且准确的思维信息。

研究测试应在安静的室内进行，每次可安排五六个学生，座位拉开间隔，以互相听不到声音为准。测试前应先让学生做一两道难度不大的题目，主要练习"说出正在想的或正在做的"，并通过播放他们的解题"口语"，进一步落实练习要求，同时复查录音器材。

在正式的测试题卷分发完毕、开启录音键之后，教师应以平和的语气说出指导语："这道题是测试题。请你在解答试题时，把自己脑中正在想的或是自己正在做的大声说出来。解答本题的时间长短不限。请开始。"在学生解题过程中，教师应轻声走动巡视，发现学生语音停顿时，应轻声提示——"你在想什么呢？""把你想的说出来"，以便得到连续、完整的解题思维信息。

对于录音资料的后期使用，专业研究有较高的技术要求，而作为"以发现学生解题困难的症结、改善教学行为"为目的的教师行动研究，我们可以像以往进行试卷分析那样，仔细聆听学生的报告，依据已有的教学经验，审视并发现问题症结，初步肯定或调整以往的教学策略与方法，并通过后续的课堂教学、个别交流和学业反馈，在研究学生中反思与优化教学实践。

录音资料如能转为文字稿，则更易于个人及备课组使用。如果"口语报告"中出现不清晰的情况，可与被试学生个别沟通，以便确切了解其含义。

二、研究学生"笨"在哪里

1998 年，我们使用"口语报告"技术开展了"高中生解决陌生物理问题的实验研究"。31 名被试来自某省会城市一所区重点学校的高一年级，是依据期中、期末考试成绩分层随机抽取确定的，其中男生 20 名（有效报告 19 人），女生 11 名。编制的正式测试题是"小猫爬杆"，具体内容是："一只小猫跳起来抓住悬在天花板上的竖直杆，在这一瞬间悬绳断了。假设直杆足够长，由于小猫继续向上爬，所以小猫离地面高度不变，则木杆下降的加速度为多少？已知猫的质量为 m，杆的质量为 M。"该题难度达到高考中上等程度，具有两个特征：一是题目所涉及的物理规律（牛顿第二、第三定律）是全体被试熟悉的定律，每一位被试都有解决问题的可能性；二是题目所表述的情境是全体被试陌生的，每一位被试都需要独立地面对问题情境去寻求答案。

从所获得的 30 份完整的语音资料及答卷中可知，25 名被试没有解出或得到正确解，女生 Y〔期中成绩 81 分（满分 100 分），期末成绩 102 分（满分 150 分）〕经过长达 26 分钟的卓绝努力，得到了正确答案，但自己仍持怀疑态度。运用关键词归类分析技术做进一步研究，我们发现，他们解题受挫主要"笨"在以下几个方面。

第一，三分之二的学生把本题中一个辅助性信息"悬绳断了"作为关键信息，沿着歧途一次又一次地反复探究。我们注意到：这一歧途正是前不久学生做过、老师讲过的一个题目的正确求解路径，情境是考察"剪断悬绳瞬间，另一悬绳拉力是否变化"。

第二，"小猫高度不变"以及"猫爬杆"等陌生信息，一方面影响了被试的情绪，另一方面，让他们无法模仿以往的解题路径求解。这样，他们在迟疑中反复阅读题目之后，便下了自己"不会解"的结论，放弃解题。这使我们知晓，期中、期末练过讲过的许多题目以及记在心中的定律都没有起到帮助他们的作用。可喜的是，女生 Y 在反复叹息"不会"甚至揉掉答卷的沮丧之中，迟疑地选择了解决物理问题的规范路径——受力分析、状态分析，演绎定律的基本技术帮助她进入真正解决问题的状态；更为难得的是，她运用物理学解决问题的经典方法"随手实验"——用手指模拟小猫在铅笔上爬，发现了猫对杆的摩擦力作用及方向。在此基础上的第十一次关于"小猫高度不变"的推理判断，使她最终获得正确解，但直觉上的羁绊始终没能让她走出迷茫，获得自信。

第三，与男生相比，被试女生明显受困于"猫爬杆"的问题情境。"猫向下蹬杆才能上移"，这对一个会爬杆（树）的人无须更多的思索，但成为女生很难逾越的障碍。我们不得不承认，学生在儿童时代力学体验的缺乏，加大了女生及部分男生解决力学问题的难度。

总体来看，学生面对陌生问题时，首先会将问题情境与头脑中的解题储存相联系：见过没有？继而思考会不会，用什么定律求解，哪些信息是重要的。如果这样的整体性识别不清晰或被否定，则不仅解决问题的情绪会受到影响，而且解决问题的操作模式也会出现分化：优秀学生会"被迫"启动学科经典的分析研究方法，更为理性地解决问题；而"笨"学生则会依据残缺的记忆指引，感性地模仿问题解决的路径与方法，或者放弃解题。

　　源于生活的零散的力学经验，对于学生尤其是女生解决高中物理问题，有着不可低估的作用。养成"随手实验"的习惯，不仅可以有效弥补学生以往经验的不足，还会使他们获得解决问题的思路与方法上的启示。

　　"口语报告"法较为充分地暴露了被试解决问题时的思维内容，为我们分析、研究学生的解题思维提供了可能，是获取解决复杂问题思维信息的有效工具。

三、研究"笨"学生的启示

　　不同类型的学习是怎样发生在学生大脑中的？他们的认知水平为什么能"被我们提升"？他们的为人品行为什么能"被我们教育"？解决高中数理等问题，为什么会让很多学生感到困难？怎样的策略性指引可以帮助他们战胜困难？……当我们完成"高中生解决陌生物理问题的实验研究"的时候，最大的震撼莫过于发现：教师在职业生涯中天天在做事，却竟然解释不了为什么这样做！

　　我们要求学生"知其然，知其所以然"，未料想，我们自己却处于"不知其所以然"的尴尬境地。这提示我们，教师必须审视、反思自身的教育教学专业水平。保持对"知其所以然"的追问，更多的人应从研究学生做起，踏踏实实地研究教育教学。

　　在教学中，我们往往强调学生"必须去努力理解教师的讲解"，而很少提及学生"被教师理解"。教师常常会这样批评学生："考试前我刚讲了这道题，却有这么多人没有做上来！""这么多人"的数字越大，教师的言语和态度就可能越激烈，学生就可能越"心悦诚服"。这种得到师生双方认可的批评，反映了教学过程中师生"理解与被理解"观念上的错位。教师的讲解没有被这么多学生理解，不也说明教师当初没有理解这些学生吗？如果我们清楚学生解决这个问题所面临的真实困境及其产生背景，那么当初的讲解就可能更有针对性，考试结果就可能发生变化。

由于角色特点，学生没有更多的像教师那样表露自己心中真实想法的机会，这便更需要居于教学强势地位的教师重视学生的"非学科语言"（学生用自己的话，而非背定义的办法说出概念或规律，实际上是学生动用脑中已储存的知识进一步组织这一概念或规律的再学习过程，也是教师了解学生真实想法、促进学生"非学科语言"向"学科语言"转化的重要途径），用爱心、用专业本领研究学生，理解学生关于所学知识的真实想法，使教学活动更理性、细致，更趋于科学。

深入地研究学生，我们就会发现学生在解决理科问题时的一些具体障碍，进而有针对性地寻找帮助他们逾越障碍的策略与工具。深入地研究学生，我们同样会发现学生在文科学习中的吃力环节与困难特征，进而针对问题进行教学干预。研究学生，让我们越来越明白学习的过程和本质，从而不断反思以往的教学设计思想，理性选择与调整教学方式及策略。例如，深入研究学生，我们会发现学生在一节课中注意水平的变化特点，进而通过把握其关键环节使教学富有成效；我们会发现"直接理解"在学习中的优越功能，从而设计情境，引导学生通过观察体验攻克某些难题；我们会发现不同的学习材料类型应与各自适宜的教学活动方式相配；我们会发现新鲜、变化的上课或作业方式更能吸引学生投入。

具体到学生解决高中物理问题的训练，研究提示我们，应该重新审视、调整"以题练题"的题海战术。一要抛弃"多做一个就比少做一个好"的观念，采取"做一个就做好一个"的战术。二要将"以题练某个规律、概念"的习题教学目标，扩展到适应各学科领域规律的"以题练演绎技术"，使学生把握使用规律解题的共性操作方法，在头脑中建立概念、规律更上位的联系，以提高习题训练的效能。三要把理解概念、规律等全部教学活动纳入解决问题的训练体系之中，珍惜教学环节中出现的每一个陌生问题情境，"言传身教"地训练学生解决问题的有效策略与技术，使学生逐步形成解题理性，帮助学生摆脱"总是错"的消极情绪。四要注意学生非结构性知识背景的积累，帮助他们摆脱意料之外的困难。比如，引导学生收集常见的"隐含条件"；课堂上利用身边物材进行力学实验，为女生设计力学活动等。

洞察学生的思维原态，真切地感受他们解决问题的艰难，不仅能使我们从认知方面更多地理解他们，提高教学设计的实效性，还能使我们在情感上更体谅他们，从而在教学活动中多一分关爱，多一分平和，多一分理性的思考，多一分实践的探索。

（作者为广东省深圳市宝安中学科研处主任）

唤醒学生沉睡的悲悯心

张丽钧

总听老师们抱怨，现在的孩子"心太硬"，把感动、感恩的门槛筑得很高，轻易不会被打动。学生集合的时候，我喜欢"读"他们的脸，我不怕坏笑的表情，独怕冷漠的表情。在我看来，冷漠是一种病，一种严重的病。

为了帮助孩子们摆脱冷漠，唤醒他们的悲悯心，我们学校开展了以下 3 项活动。

一、心中装着痛苦的人——建立"爱心鲜花病房"

我们在河北省唐山市工人医院的烧烫伤科建立了"爱心鲜花病房"。每当新生入学，学校都会组织学生代表去为患者送鲜花和祝福卡；每年护士节时，学生们都会给医生、护士送鲜花，并与他们联欢。通过接触那些痛苦的烧烫伤病人，学生们开始学会同情、学会分担，进而学会珍惜、学会感恩。

学校的大厅里常年摆放着一个"爱心鲜花病房捐款箱"。我们号召每个学生在自己生日的时候、得意的时候或沮丧的时候，都往箱子里投入一两枚硬币，用这样的方式与他人分享快乐或分担痛苦。同时，我们也通过这样的方式提醒孩子们，世界很大，不幸的人很多，不要总是用放大镜去观测自己的痛苦，动不动就将自己与"倒霉"联系在一起。真正痛苦的人就在离我们不远的地方，他们需要大家用爱去抚慰。"爱心鲜花病房"触动了孩子们内心最柔软的地方，让他们懂得一味地标榜自己那点滴的痛苦，是一种矫情；看到了别人身上的痛苦而不施以援手，是一种冷漠。

二、心中装着孤苦的人——建立"模拟家庭"

现在的孩子大都是独生子女，在家中是"太阳"，他们中的不少人被父母照顾惯了，不懂得尊敬长辈、关爱他人。为了培养孩子们的孝心，我们带他们走进社区孤寡老人的家里，为孩子们建起了另一个"家"——"模拟家庭"。孩子们每周至少要回这个"家"一次，向"爷爷"、"奶奶"汇报学习、生活情况，帮老人打扫卫生、整理房间，与老人聊天。每到孩子回"家"的日子，老人们都会迎出老远，盼着"孙子"、"孙女"的到来。孩子们带来的小盆花、小布娃娃等，被老人们当成了无价之宝。"模拟家庭"的建立，唤醒了孩子们的孝心，他们开始懂得关心别人，学着照顾别人。

三、心中装着劳苦的人——开辟"校园农田"

学校占地面积小，但我们毅然开辟出 3 块土地，分别种上了草莓、花生、甘薯。播种、浇水、施肥、锄草、收获等环节，我们都让学生参与。特别是收获的时候，我们让尽量多的学生参与进来，让他们品尝自己的劳动果实。不管这些孩子将来做什么，我们都希望他们的心始终离土地很近。他们不但会背诵"一粥一饭，当思来之不易；半丝半缕，恒念物力维艰"，而且怀有一颗可贵的悯农、敬农之心——给进城务工的农民一个友善的眼神，关心收成就像关心学习成绩……我们希望今天亲手从绿蔓上摘下草莓、从黄土地里刨出花生和甘薯的手，都能与"农"字发生美好的关联，希望这些手以后能敬重地捧起那个"农"字。

德国哲学家雅斯贝尔斯曾说，教育意味着一棵树撼动另一棵树，一朵云推动另一朵云，一颗心灵唤醒另一颗心灵。他说得多好啊！当我们

在意的那棵树、那朵云、那颗心灵沉寂、僵硬、冷漠的时候，就让我们带着美好的创意去充当那撼动者、推动者和唤醒者吧！不要一味地抱怨，抱怨是无能的宣言。我们要拿出爱与智慧，给孩子们提供一个"被唤醒"的美好机缘，相信那醒来的心灵定能步入一种全新的境界！

（作者为河北省唐山市开滦第一中学校长）

如何奖励学生效果更好？

王俊

要想成为一名好教师，我们至少要拥有两门技艺：一要会"讲"，二要会"奖"。关于"讲"的技艺，大家都接触了不少。而"奖"则很少拿出来展示，因此很有一探究竟的必要。

或许有人说：奖励谁不会呀？不就是课堂上"你真棒"的赞扬声，不就是脑门上那金光闪闪的五角星吗？我也会！

是的，外在的奖励形式谁都可以效仿，而内在的奖励时机、方式、机制又有多少人能准确把握呢？我们能保证自己的每一次奖励都能发挥它最大的效用吗？事实上，如果我们用心审视一下自己给孩子的奖励，就会发现：有时我们的奖励没有给孩子带来相应的快乐；有时我们的奖励仅仅给孩子带来快乐，但没有促进其行为的积极变化；有时我们的奖励仅仅是给孩子的行为带来短期的积极影响，而非长期的积极影响。

所以，"奖"的确是一门很深的学问，笔者把自己在教学过程中一些"奖"的做法呈现出来，供大家剖析、指正。

一、"偷懒"也是奖励

要做一个会"奖"的教师，首先要弄清"奖"的实质。奖励可不仅仅是"小红花"这些物化的东西，更重要的是"在适当的时机用适当的方法满足学生的心理需要"。我们来看下面的事例。

师：同学们，请大家拿出笔准备做书本上的计算题（学生无奈地开始准备笔）。怎么？不太喜欢动笔算是不是？今天的题目看起来并不太难，那我们就不动笔算，用口头计算的方法怎么样？

生（兴奋地）：好！

师：常言说得好，君子动口不动手，今天我们就来做一回君子（众笑）。不过老师有一个条件，你们先得说一说计算这些类型的题目要注意什么，说对了，老师才有允许口算的奖励。

学生开始你一言我一语地把计算的法则、计算时容易疏漏的地方都说了出来，不仅把我平时叮嘱的要求都讲了一遍，还增添了不少他们自创的建议。

师：既然大家说得这么好，那我们今天就只动口不动手了（教室里发出"耶——"的欢呼声）。下面我们就一起来口答这些题目——不过，大家真能算得又准又快吗？如果不是这样，那大家一起回答的声音该多难听啊。

生：行的，我们一定行。

生：老师，你先给一段时间我们练几遍吧，我们练好了准行。

学生这样的要求对我来说正是求之不得的好事，我哪能不批准呢。

练了几遍之后，学生回答的声音不仅准确，而且响亮。口算获得了成功。

师：真棒！大家喜欢这样把笔算改成口算的奖励吗？（众：喜欢！）不过，这样做也有缺点，那就是万一有人做错了，老师就不能发现了。你们说怎么办？

生：抽查。

师：好，只要抽查合格，我们以后就经常进行这样的奖励。大家想不想要这样的奖励？（生：想！）那好，大家赶紧同桌互相练习、检查一下，看有没有做错的题目。老师马上就要抽查了。

这就是"偷懒"奖励。对于天天要拿笔写字的孩子们来说，他们巴不得少写点字。把握了他们这种内在的心理需要，用适当的方式尽可能地满足这些需要，就是对他们最好的奖励。

二、"当小老师"的奖励

"奖"到用时方恨少。就我们目前的教学实际来说，奖励不是太多，而是太少了。许多教师常常因为学生表现不佳而抓耳挠腮，你告诉他用奖励的方法去试试，他会说："试了呀，刚开始还行，用着用着就不奏效了。"再问他怎么奖励的，他说刚开始学生表现好，奖一个五角星，再表现好奖两个五角星，再表现好奖三个、四个……

奖品总是五角星，就会让孩子产生审美疲劳，他们已经不在乎这个了，"奖"一定要有新鲜感！这个新鲜感不是说今天五角星，明天大苹果，它们是同一层面的东西。奖励要多，是指教师的思路要开阔，要想办法满足孩子的心理需求。

数学老师每天都要给孩子订正作业。每天，做错题的孩子都排着长队像等候明星签名一样，订正完一个走一个。临走之前老师还要追问一句："现在懂了吗？""懂了。""那好，走吧。"

可以想象，每一个去订正的孩子都是以一个失败者的身份接受老师重新检查的，心情不会太好。这原本谈不上能有什么奖励的机会，然而，只要老师肯动脑筋，就能"无中生有"，化腐朽为神奇。

比如：有 A、B、C、D 等若干名同学在排队订正，老师先给 A 订正完了。

师：现在懂了吗？

A：懂了。

师：好，老师奖励你做小老师，授予你"初级教师"称号，你的任务是给 B 订正，让 B 说算理给你听。如果他不会说，你就要负责教会他。

结果在 A 的帮助下 B 说对了。

师（对 B）：恭喜你！你现在获得"初级教师"称号的奖励，你的任务是给 C 订正。让 C 说算理给你听。如果他不会说，你就要教会他。

师（对 A）：由于你教 B 教得很成功，所以你获得"高级教师"称号的奖励，你的任务是听 B 教 C，如果 B 教对了，你就完全成功了；如果错了，就由你指导 B 去教 C。

这些话听起来有些拗口，但操作起来却很简便。这样 A、B、C、D 一个个传下去，前一个是后一个的老师。每个人大体都要经过"被别人教——教别人——指导别人教别人"的程序，一直到成功扮演完"高级教师"的角色，订正才算完全结束。

你可别小看了这一"小老师"的奖励，孩子们可当回事了，教得比老师都要细，要求比老师都严。在每个人的心灵深处，没有谁会承认自己是天生的弱者。而这种奖励，就在于让孩子们实现了由弱者到强者的微妙的心理转化，订正也因此成了一种享受！

三、把最好的奖励赠给"后进生"

心理学中的"马太效应"是指拥有的越多得到的就越多，拥有的越少得到的就越少。教师的奖励就容易犯这样的错误，优秀的学生总是能受到我们的奖励，而"后进生"呢？他们很少能得到奖励。这种做法很不好，教师应该把最好的奖励赠给"后进生"。

班上有一个比较聪明但学习习惯不好的孩子小 D。我决定用奖励的办法试试。

师：昨天，老师发现小 D 同学终于及时交作业了。这对他来说，是一个多么了不起的进步呀！小 D 同学给老师带来了惊喜，老师也要回报他一个惊喜。我要给他最大的奖励——请他做老师的干儿子！小 D 同学愿不愿意啊？

做老师的干儿子！这是一件多么荣耀的事情啊！全班孩子把目光集

中到小 D 身上，而此刻的小 D，激动得满脸通红。

师：做老师的干儿子有什么好处呢？那就是——在小 D 同学和大家一起举手的时候，老师会第一个喊他发言；在小 D 同学不懂的时候，老师会单独教他。总的来说，老师会像对待自己的儿子一样，给他种种特殊的待遇。怎么？其他同学觉得不服气，什么时候你们能像小 D 这样给老师带来惊喜，老师也请你做老师的干儿子、干女儿。

就这么一个干儿子的奖励，使得小 D 从此以后像变了一个人似的。上课他再也不做小动作了，他要举手第一个发言；做作业再也不拖拉了，他可以直接改作业；想问题再也不得过且过了，他会请干爸爸给他开小灶。就这样，小 D 的学习成绩很快就上来了。

关于奖励，不同的老师可能有不同的做法，但其目的只有一个，那就是促进学生的发展进步。笔者认为，在奖励的过程中应该注意以下三点。一是把握本质，灵活变通。奖励要紧扣学生需求，形式多样，利用眼前资源，凸显奖励价值。二是师生兼顾，保证双赢。真正有价值的奖励既要做到充分尊重孩子，又能让学生朝着教师预设的目标努力。过于照顾孩子，可能会造成教育的低效；过于倾向教师，就容易使奖励沦落成"哄骗"。三是且行且思，注重长效。任何一种奖励手段都不可能十全十美，教师要及时更新自己的方法。

其实，正如"教"是为了"不教"一样，"奖"也是为了"不奖"，"不奖"才是我们"奖"的最终目的。

（作者为江苏省通州市实验小学教师）

用"道德两难法"提升学生道德判断力 | 鲁明

思想品德课应该是德育的主阵地，但这个主阵地常常是一片荒芜，看不到鲜活的案例，听不到爽朗的笑声。如何在思想品德课堂中提高德育的有效性？认知结构主义学派代表柯尔伯格继承和发展了皮亚杰的学说，在道德实践中提出"道德两难法"。这种方法以道德两难故事为基本材料，让儿童对故事中的道德问题进行讨论，在道德冲突中寻找正确答案，从而有效提升儿童的道德判断力。我们在教学中引入"道德两难法"，取得了较好的效果。

一、以学生的认知水平为基础设置两难情境

由于实施"道德两难法"要以学生的认知水平为基础，所以我们常常根据学生的实际思想状况和认知情况，设置社会化的场景，把学生分成对立的两组或若干组，对不同行为进行道德判断和选择。

我们组织一、二年级同学模仿"超市购物"。在超市里，你没钱买自己喜爱的图书或玩具。这时，前面一位老奶奶的钱包掉在地上，她没有发现。你该怎么做？是把钱包捡起来还给老奶奶，还是偷偷地占为己有，去买自己喜爱的图书或玩具？通过辩论，我们教育学生要拾金不昧，克制不良欲望，理性对待生活中的物质需要。

在中、高年级，我们曾模拟这样的场景：在公共汽车上看到小偷正在偷别人的钱包时，你是胆怯地躲在一边，还是勇敢地站出来？这个活动让学生明白既要勇于斗争，又要善于保护自己。

二、以学生遭遇的实际问题为基点选择教育主题

正如叶澜教授所说，品德养成的源头只能是社会生活。那么，什么样的社会问题才是实施德育的突破口？这需要教师用心思考、认真观察。

由于我校实行封闭管理，学生平时不能去校外活动，所以有的学生就认为学校像监狱一样，限制了他们的自由。曾有学生夜间偷偷越墙而出，后来虽安全返校，但也给我们的工作敲响了警钟。为了让学生认识到自由与规则之间的关系，认识到遵纪守法与违法犯罪的不同结果，我们聘请法官定期到校上法制课，讲解青少年违法犯罪的种种现象，并组织学生参观了县看守所。当看到失去自由的犯人时，学生们表情凝重，心灵受到很大触动。回来之后，我们以"社会是无拘无束的自由之地还是人人必须遵纪守法的场所"为题，组织学生辩论。通过辩论，他们认识到，社会并不像自己所想象的那样可以随心所欲，只有遵守规则，好好学习，学好本领，才能真正自由地生存于社会，自立于社会，服务于社会。

三、让抽象的话题与生活实际联系起来

德育所涉及的是非、价值、伦理是很容易叙说的，但往往也是很抽象、很枯燥的。如何让这些道理富有生命力，并让学生产生情感上的共鸣和认同呢？我们在实际教学中强调辩论双方要以事实为依据，以理服人，这样就把枯燥抽象的道理与鲜活的生活实际联系起来了。

在教学《保护我们的环境》时，有的学生认为，环境是我们生存的家园，保护环境就是保护我们的家；而有的学生认为我们必须发展经济，只要人民有钱了，就会有幸福的生活。为此，笔者以"保护环境、

人人有责"和"经济要发展,环境可后退"为两方辩题,让学生从网络和现实生活中查找相关资料。学生们发现,学校旁边的小河一年前还是清澈的,现在已变成了臭水沟;原先学校周围是碧绿的田野、茂密的树林,现在已变成厂房林立、烟尘笼罩之地。在辩论过程中,正方论据充分,理直气壮,而反方则常常理屈词穷。经过几轮交锋,双方最后达成共识:我们的环境正在遭受破坏,保护环境刻不容缓。在班长倡议下,全班学生还联名给县长和环保局局长写信,要求改善学校周围的环境。学生的意见得到了采纳,经过治理,河水又变得清澈了,学生们都非常高兴。

四、情境的创设要以"情"为基调

情境的创设应以"情"为主,"境"只是"情"的客观载体。苏霍姆林斯基认为,"在道德信念的形成和培养过程中,知识有重要的作用,但没有情感,道德就会变成枯燥无味的空话,只能培养出伪君子。"

教学《报答父母的养育之恩》时,在学生自读自悟,教师讲解、揭示主题后,我问大家:"父母为我们付出这么多心血,今后我们应该怎样报答父母的养育之恩呢?"大部分学生对教师的问题不置可否。

笔者知道,不少聋哑孩子的家长对孩子存在负疚心理,往往对他们特别溺爱。时间一长,学生认为这都是父母应该做的事。怎样才能化解学生心中的麻木,升华他们对父母的感情?这时突然下起了大雨,一位家长抱着一包东西匆匆向教学楼跑来。他是谁?他抱着什么东西?他要做什么?一连串的问题在我脑海里闪现。这不正是可以让学生思考、辩论、动情的场景吗?于是我以"雨天家长该不该来给你送衣服"为题,把学生分成正反两组,启发学生进行思考。辩论中,学生真情渐露,理解了父母的爱是那么无私、伟大,课堂气氛也达到了高潮。

"道德两难法"契合学生认识事物的心理规律,激发了学生的兴趣,道德、法纪、理想、价值也在辩论中得到厘清，思想品德课因此结出丰硕的果实：一是培养了学生思辨的品质，让学生学会辩证地思考；二是转变了学生的学习方式，使学生由被动接受转为主动探究，自觉地汲取知识，提升道德判断力；三是使封闭的课堂走向开放，提高了学生认识社会的能力和与他人交往的技能，为以后融入社会奠定了基础。

（作者为江苏省睢宁县特殊教育中心副校长）

我被"差生"问住了

周
瑾

　　小于同学在我教的班中算是"差生"了。他非常淘气，上课总是低着头做自己的事情，经常不完成作业，成绩也不好。我对他的这种印象一直持续了两年多，直到他开始接触高中数学。

　　那是一节高一对数的概念课。由于是第一次接触对数，所以学生们都听得津津有味——除了小于同学，他还是老样子，喜欢在课堂上想自己的事情。

　　然而，当我讲到自然对数的底数 e 时，他突然眼睛发亮，眉头紧缩，并缓缓地把手举了起来。他的表现引起了我的注意。我想，关于 e 这个无理数，我已经讲得很清楚了，他还能有什么问题呢？于是，没等他说话，我就先开口了，"有什么事情课下再说吧。"当时，我正讲到兴头上，而且担心我的内容讲不完，就一直没有给他发言的机会。但那节课我上得并不舒服，他一直紧缩的眉头和失望的眼神深深地触动了我，我是不是想错了？

　　下课后，我把他叫到身边，问他在课堂上是不是有什么问题。他胆怯地看了我一眼，不知所措。我鼓励他把问题说出来，并保证不论他说什么我都不批评他。他笑了，怯怯地说："老师，您能再给我讲讲 e 是怎么回事吗？"我一听，心里那个气啊！我强压住怒火，说："你看，你上课没认真听讲吧，我讲过了，e 是个无理数啊，大概是 2.7 多吧。明白了吗？"他还是一脸疑惑，说："我有个问题想了一节课了，您说到 e 时，我想到了 π，也是无理数啊，有几何意义，是圆周率，也能在数轴上表示出来，那您能告诉我 e 的几何意义吗？它怎么来的，怎么在数轴上找到它？"

　　一连串的问题让我目瞪口呆。站在我面前的是大家眼里的那个"差生"吗？原来，在课堂上，他一直在思考，而且思考得如此深入，竟是我从教十几年来从未遇到过、从未想过的问题！我一时被他问住了，被一个"差生"问住了！但我心中的喜悦却无以言表，原来"差生"不差啊！我抓住这个机会，拉住他说："问得太好了，老师很高兴你能问出这些问题来。我们一起查查资料，看看怎么解决你的问题。"我们在一起研究、讨论了很长时间。

离开时，他很兴奋。我看着他离去的背影，陷入了深深的思考。

多少年来，教师们占据课堂，忽略了学生们的兴趣和需求。我们一方面鼓励学生提问，另一方面又在课堂上不自觉地限制学生提问。小于这一问，让我如梦方醒，我决定要真正把课堂还给学生，并继续关注他。

从此以后，我的数学课堂渐渐活跃起来。每每教授新知，我都留时间给学生提问。我的课堂也因此常常不完整，但我仍旧鼓励学生们多提问。小于同学竟然成了领头人物。在他的带动下，学生中涌现出了一批好问的"小学者"，课上课下不停地研究、探讨。就在前不久，小于同学入选了参加全国数学联赛。我们的"差生"通过不断的追问，变成了数学尖子！

这个案例对我的启发很大，它促使我把课堂真正还给学生。在教学时，我时刻观察学生的情绪变化。若发现学生流露出不满足或困惑的眼神，我就留出时间，让他们把问题提出来。此外，我还督促学生设立"问题卡"，把平时学习中产生的问题写在卡上。我经常收集"问题卡"，以及时了解学生掌握知识的情况。

学生做学问，就是要边学边问，只学着怎样去回答教师的问题并不是真正的学习。教学不就是要培养会学习、会思考、会质疑、会创新的学生吗？只有革除传统教学模式的弊端，用全新的教学理念来武装教师，把学生推到"学"的制高点上，我们才能培养出新世纪的创新型人才。

（作者为北京市第十二中学教师）

学生社团建设的六个"不怕"

娄小明

学生社团正日益受到师生的欢迎，但有的管理者对此有些担心，其一，害怕开展社团活动会影响学校办学水平、教学质量和管理效率；其二，不知如何管理与引导社团活动。笔者认为，学生社团工作开展得好，会对学校管理和学生发展起到积极的促进作用。学校要真正建设好学生社团，发挥其作用，要做到六个"不怕"。

一、不怕不够规范和"高贵"

有些专家认为，学生社团建设要以古今中外一些知名社团为典范，走规范化、高标准的道路，社团人数必须达到一定的数量，要制定细致的章程，绘制社团徽标，形成一套活动程序，等等。他们认为，社团一定要和学校的兴趣小组、综合实践活动小组等区分开来，以体现它的"纯粹性"和"高贵性"。但是，这样的学生社团在大专院校尚有创办的可能，在普通中小学中显然太过理想。中小学校的学生社团，不妨样式丰富一些，层次多样一些，让社团建设少些"虚礼"，多些"实惠"。

二、不怕规章"束缚"

有些教师认为，在规范办学行为的今天，学校自主发展的空间已经很小了，很难再为社团活动留出一块"自留地"。其实，教育主管部门出台的一些规定正是为了规范学校的办学行为，留出时间和空间来让学校举办各种有益于学生发展的活动。社团建设不是要在规定之外另搞一套。如果我们仅仅看到规定的束缚作用，那么只会感觉处处荆棘；如果能看到规定的导向功能，则能开源导流，开展社团活动就会游刃自如。

三、不怕"异性相吸"

有些教师和家长担心，在中学搞学生社团，会给学生提供谈恋爱的"温床"。这种担心可以理解，但因噎废食显然不是一种明智的做法。而且，从另外一个角度看，"异性相吸"又何尝不是开展社团活动的积极因素？男女学生都有在异性面前展现自我的需要。社团辅导教师要善于调控好这种异性吸引力的距离和强度，让社员之间拥有一段纯真美好的记忆。

四、不怕影响学业

有些家长认为，孩子参加社团活动会影响学业，因此，他们会建议孩子不参加活动，或不担任社团职务。一些学校管理者也担心学生在社团活动方面投入过多时间和精力会影响成绩，规定社团活动仅在一、二年级开展，只向优秀学生开放。这种做法显然不妥。其实，一些会学习的人往往具有较高的情商，有良好的学习习惯、创新意识和实践能力。要让学生学会学习，必须拓宽学生的学习渠道，改善学习方法，而学生社团就是一个很好的平台。一些名人，如毛泽东、徐志摩、郁达夫、陶行知等，都创办过社团，并取得了学业和事业的双丰收。

五、不怕主科教师办社团

有些学校为了防止某些主科教师借办学生社团之名行补课之实，明令语文、数学、英语等学科的教师不能办社团。其实，学生社团是以学

生的需要为主的，学校应该相信主科教师也能开辟一片属于自己的天空。例如：口语交际、写作、朗读、主持等社团，都会受到学生的欢迎。

六、不怕"小打小闹"

有些学生组建的社团，活动内容显得大而空。例如：有的社团取名为百灵鸟歌唱队，开展了一段时间的活动后，社员们只是多学唱了几首歌而已。这样的社团，学生的参与热情往往不高。而有的社团虽然是"小打小闹"，却受到了学生们的热捧。如"小小点心师"社团，学生参加这个社团的活动，不仅能够掌握简单的点心的制作方法，而且提高了劳动意识和动手能力，学得轻松、有趣。因此，社团活动不妨在小中见大、小中见实。

也许，有教育的勇气，才是办好学生社团最重要的因素。

（作者为江苏省吴江市盛泽实验小学教师）

第四堂课
领导教学
LINGDAO JIAOXUE

改革发生在课堂

陶西平

我国基础教育发展的历史也是一部波澜壮阔的课程改革的历史、课程价值变迁的历史。

中华人民共和国成立后，我们正式进行的课程改革大概有八次。当前正在进行的第八次课程改革已经从理念启蒙阶段、模式探索阶段进入到增强效能阶段，而课堂文化建设是深化课程改革、提高教育效能的一个重要途径。

一、课堂与课堂文化的内涵

课堂是现代学校教学的主要场所，课堂学习是传承与发展人类文化的基本形式。我们现在研究的课堂主要是当代的课堂，而非未来的课堂；主要是小课堂，而非社会大课堂。在这样一个边界内，我们对课堂文化建设问题进行探讨。

课堂教学的一个重要特点是规范性与随意性的结合。其规范性表现在，它有相对稳定的空间，相对稳定的人群，相对固定的时间，相对明确的任务；随意性表现在，教学设计无严格的规定性，教学过程具有很大的不确定性，教师作用的"权威性"，教学效果的难预期性。我们所研究的课堂文化就是在这样的课堂里所形成的文化。

课堂文化是学校文化的重要组成部分，是学校文化的一种表达形式和基础载体。它是师生在课堂教学中所体现出来的思想意识、思维方式以及学习方式的总和，是学校的价值取向在课堂活动中的体现。它是在长期的课堂教学活动中形成并为师生所自觉遵循和奉行的一种文化。

课堂教学水平是学校教育水平的集中体现，而课堂文化又是课堂教学水平的集中反映。因此，学校在推进文化建设的过程中，不仅要重视环境文化、制度文化的建设，更要重视课堂文化的建设。

二、当前课堂文化建设的新情况

近些年，我国的课堂文化建设不断取得新进展，课堂教学的整体面貌发生了积极的变化，给整个课堂教学注入了新的活力。但是，目前课堂文化建设也存在着一些新的情况和问题。

其一，课堂文化建设并没有真正成为学校文化建设的重要领域。我们普遍重视学校文化建设，但对课堂文化建设的研究还比较薄弱。在学校文化建设研究中有几种倾向。一是重概念轻内涵。新的提法、概念很多，令人应接不暇，但对这些概念的内涵的研究（特别是对概念内涵之实际体现的研究）则很少。二是重硬件轻软件。三是重课外轻课内。在课堂上，我们很难感受到学校所追求的文化的存在，课内外反差很大，学校文化几乎等同于课外文化。

其二，传统的质量观和由此形成的教学模式仍在课堂教学中占主导地位，研究课与常态课存在较大反差，新的课堂文化并未真正形成。比如，流行的各种理论、方法、概念不断变换，但学习目的的应试性、师生双边活动的单向性依然没有改变；即使不少学校研究课堂文化，也常常简单化地将其与教师的"做课"捆绑在一起，囿于"磨"出一节"好课"；在研究课上学生的种种良好表现往往带有表演性，常态课依然故我，甚至传统色彩更为浓厚。

其三，课堂教学改革的形式主义依然存在，针对性、实效性较差。学生的总体课业负担在多数地区仍然较重。有的学校为了保证研究课课堂的精彩，而将课堂教学任务向课堂外的两端（课前、课后）延伸，一端增加大量的预习作业，一端增加大量的巩固作业，而且大多是无效作业。这样的课堂虽然看起来很活跃、很精彩，但并没有真正取得让学生生动、活泼、主动学习的实效。有效教学、有效学习、有效作业并未实现有效衔接，课堂上似乎是有效教学，但课外需要留很多作业来弥补课堂的损失。

其四，学校领导难以用主要精力研究教学，更难以坚持走进课堂，关注课堂文化建设。

三、课堂文化建设要关注的四个问题

课堂文化就是课堂的价值追求，它应该体现为对生命的理解和尊重，对智慧的激发和启迪，对能力的培养和提升。建设新的课堂文化，必须努力构建平等民主、和谐共处、互动合作、自主探究的课堂氛围，赋予课堂以生命价值。我们研究课堂文化建设需要关注四个问题。

1. 目标的基础性

基础教育的课堂文化建设不能偏离基础教育的本位价值，不能脱离基础教育的基础性。

1977 年，联合国教科文组织提出，"基础教育是向每个人提供并为一切人所共有的最低限度的知识、观点、社会准则和经验"的教育。这是国际上公认的一种理解。

当基础教育不是打基础的时候，就不可能为一切人所共有。现在存在一种现象，就是不断向基础教育提出新的要求，增加新的任务，增添新的内容，结果基础教育的内容不断拓展，活动不断增加，本来是希望为孩子打好更加宽泛的基础，但结果却是难以打好真正应该打好的基础。比如，如果讲中国古代最著名的教育家是孔子，那么孩子们肯定能记住；但如果讲中国古代有一百个教育家，那么最终他们可能记住了六七十个，但唯独忘了孔子。

《中华人民共和国义务教育法》规定："教科书根据国家教育方针和

课程标准编写，内容力求精简，精选必备的基础知识、基本技能，经济实用，保证质量。"这里突出了"精简"和"精选"，强调了"基础"和"基本"，反映了对基础教育任务的清醒认识。

基础教育的课堂文化建设一定要服务于抓基础，不能只是加法思维，必须有加有减。日本丰田公司曾提出"精益管理"的理念，即要减少生产过程中一切不必要的环节，以最大限度地提高效益。我们也应当倡导"精益思维"，把主要精力放在给学生打好应该打好的基础上。

对什么是中小学生最为重要的素质基础，《义务教育法》规定得很清楚：一是品德，即做人的基础；二是智力，即做事和继续学习的基础；三是体质，即品德和智力的载体。

发达国家的教育改革有一个趋势就是回归基础。比如，法国公布了一个基础教育改革的指导性文件，即《共同基础法令》。他们认为，法国之所以在 PISA 测试中（国际学生评估项目的缩写，是一项由经济合作与发展组织统筹的学生能力国际评估计划）的成绩不断下降，就是因为基础教育的内容无限扩展，造成最重要的基础没有打好。所以，他们提出采取两大结构性调整措施：一是确定教育最迫切需要解决的问题，以公共知识与共同基础为目的；二是为机会均等服务，为学生提供个别辅导，制定个性化教学计划。他们提出，所谓"共同基础"主要包括七个方面，即掌握法语、掌握基础的数学知识和科学文化、掌握基础的人文文化、掌握一门外语、掌握常用的信息通信技术、掌握社会交往能力和具有公民意识、拥有独立自主和主动进取精神。

习惯是基础素质的重要体现。素质教育就是培养好习惯。我们在课堂文化建设中要培养的好习惯主要包括反应倾向、思维习惯和行为习惯。

①反应倾向。个人对事物的反应倾向体现人的价值判断习惯，社会对事物的反应倾向体现社会的价值取向。比如，一个学生回答问题时出错了，其他学生是耻笑他还是鼓励他，老师是讽刺他还是帮助他，都体

现出一种反应倾向。反应倾向的培养，其实就是一种价值观的培养，一种做人品质的培养。

②思维习惯。大多数时候，人们受制于强大的惯性思维。惯性思维能够帮助我们快捷地认知和适应周围的世界，也有助于我们遵守社会的行为规则。但它往往过于刻板，如果这样一种思维习惯难以突破，我们就很难进行新的创造。所以现在我们面临着如何培养学生创造性思维习惯的问题。

我们现在的研究性学习大多是解决获取知识的问题，这并未真正进入到思维能力的培养，因为真正的思维是从运用知识解决问题开始的。印度把高级思维训练融入中学的各学科当中，以色列的"2000优秀学生培养计划"也把高级思维训练融入进去。他们的做法值得我们借鉴。

③行为习惯。行为习惯是一种定型行为，是人在一定情境下自动进行的某种动作，包括生活习惯、工作习惯、学习习惯和待人习惯等。

习惯不是单一的素质，反应倾向影响着我们的价值取向，思维习惯影响着我们的思维方式，行为习惯影响着我们的行为方式，这三个习惯非常重要。个人有了好的反应倾向、思维习惯和行为习惯，个人的素质就提高了，就为他一生的发展奠定了坚实的基础；多数人有了好的反应倾向、思维习惯和行为习惯，国民素质就提升了，就为整个国家的发展奠定了坚实的基础。

如果基础教育能够把我们所要求的东西变成学生的一种反应倾向、一种思维习惯、一种行为习惯，那么这个"基础"就真正打好了。所以，课堂文化建设应当通过培养各种好的习惯，来体现基础教育的基础性。

2. 理念的人本性

我们在进行课堂文化建设时，必须牢记一句话："人永远是目的。"这是全部教育活动的出发点和归宿。在任何情况下，我们都必须始终把人作为目的而非手段，这是维护人类尊严的基础。学生的发展永远是教育活动的目的，也是教师专业发展的目的；任何时候，我们都不能把学生当成手段。

现在，有些领导和教师把学生作为获取某些资源或达到某种目的的手段。比如，某小学为了研究小、初衔接的问题，组织了三节研究课。因为有中学老师来听课，所以他们就让一部分成绩差的学生提前放学回家，以免影响课堂教学的流畅性。类似这样不顾学生尊严的事情还有很多。

我们的课堂文化应当体现对学生生命价值的尊重，应当充满生命的活力和动感，应当凸显学生的主体地位。卢梭讲过一句话，教育必须顺着自然，也就是顺其天性而为。我们现在的教育在有意识地教育小大人，这种用强制的办法让学生社会化的做法是不可取的。

新课改突出了以学生为主体的思想，学生不仅是教学的主体，也是教学资源、动力资源；不仅是受教育者，也是自我教育者。

在发挥学生的主体作用方面，有三个互动需要关注。一是师生互动，二是生生互动，三是教师、学生、文本之间的互动，三者之间形成一个完整的沟通过程。新的课堂文化倡导从"单向型教学"向"多向型教学"的转变，力图实现教师、学生、文本三者之间的互动。教师要自觉地为此创造条件，以构建课堂上的"沟通文化"。为此，我们要改变教师享有话语霸权、学生在课堂上失语的现象。教师要善于挖掘对话中的新意，创造生成性的教学。

心理学家马斯洛说，只有在真诚、理解的师生人际关系中，学生才敢于和勇于发表见解，自由想象和创造，从而热情地吸取知识，发展能力，形成人格。这种关系的形成和氛围的创造是至关重要的。

3. 价值的导向性

这是一个有争论的问题，也是一个常常被忽视的问题。在社会急剧变革时期，人们的生活形态、生活方式、工作方法和人际关系等，无不在急速变迁中，这些变化都会对青少年的价值观念产生很大的影响。为了开发学生的智能，我们鼓励学生敢想、敢说，但学生讲完后，教师必须进行价值引导。如何处理这两者的关系，是教育面临的巨大挑战。可以说，现在基础教育最应该关注的问题，是我们能不能教会孩子做人。

社会变迁为青少年价值观念的形成注入了许多积极因素，但也有两个特别值得我们关注的变化。一是就目的性价值来看，青少年的价值观从对社会价值的重视开始转向对个人价值的重视；二是就工具性价值来看，青少年心目中的能力价值内涵改变很大。传统的能力价值如勤奋、能干、真诚等的地位逐渐被淡化，而人际关系、自我宣扬，甚至是粉饰和欺骗等病态心理开始萌生。这就揭示出现代教育肩负着重大使命——引导青少年树立正确的价值观，并进行相应的教育变革。

教育本身就是价值引导和价值创造的过程。我们要使核心价值观成为社会的主流价值观，一个很重要的途径是教育。因此，学校必须在各种活动中，首先在课堂教学中培育学生正确的价值观念。

新加坡教育部部长提出，新加坡未来20年的教育将以价值为导向，培养有正确的价值观和有竞争能力的新一代国人，即从知识和能力导向转向价值导向。他认为，所谓"价值"，包括"自我价值"、"道义价值"和"公民职责价值"。日本的中小学也开设了专门的"社会课"，进行爱国主义和价值观教育。日本曾经有一个休学旅行团到北京，他们给学生留的作业是，到天安门广场数数来往的汽车中有多少是日本造的。

这些都告诉我们价值引导的重要意义。因此，我们的课堂文化建设必须旗帜鲜明地坚持主流价值观导向，并将这种导向贯串于教学活动的全过程。教育者要善于在课堂教学中体察青少年价值观的时代特征，既要让学生独立思考，又要引导学生明辨是非。

美国学者拉思斯在《价值与教学》中指出，每个人都有自己的价值观，每个人都按他个人的价值观行事，学校教育的根本任务在于抓住价值观，发展学生的道德意识、判断和选择能力。要让学生在内部的道德冲突中澄清自己的价值观，反对公式化的说教和死板的灌输。这里强调两点：一是学校必须重视价值观教育，二是价值观教育一定要讲究方式，让学生在比较与鉴别中提升认识。

4. 模式的多样性

《国家中长期教育改革和发展规划纲要（2010—2020 年）》（以下简称《教育规划纲要》）特别强调探索多种培养方式。现在，我们在模式探讨中有一种倾向值得注意，就是一研究出一种比较好的模式，就希望大范围推广，认为解决所有的问题都应该运用这种模式。这是有偏颇的。总的来看，我们还是要遵循《教育规划纲要》提出的三个原则。

①注重学思结合。倡导启发式、探究式、讨论式、参与式教学，帮助学生学会学习。

某实验小学设计了一道"数学题"，然后对低、中、高三个年级段随机抽取的各 20 名学生进行测试。题目是：一条船上载了 25 只羊，19 头牛，还有一位船长，要求根据已知条件求出船长的年龄是多少。测试结果是大多数学生居然都算出了具体"结果"，只有少数学生对试题的合理性提出了质疑，且质疑者以低年级学生居多，中年级次之，高年级最少。

这个带有讽刺意味的例子说明，我们对学生独立思考能力的培养很失败。低年级学生因为还没有经过长期的教育，所以尚能提出质疑；学生受教育时间越长，思维越僵化。这就是教育的负效应。

我们希望能尽快实现从"接受型教学"向"质疑型教学"的转变，逐步构建起课堂的"思辨文化"；要倡导以问题为纽带，发展学生的发散思维和批判性思维。

钱学森教育理念中有一个"前科学知识库"的概念。他认为，系统的知识固然重要，但有时，突发奇想甚至于做梦，也可能对人的发明创造有启发。创新思维就是发散思维和聚合思维交替运用的过程。所以，能否始终使学生保持足够的好奇心是看一节课是不是"好课"的重要标准。

营造开放而有活力的课堂文化，要求课堂成为学生充分施展和表现才能、取得学习成果的时空。因此，我们要做到三个正确对待。一是要正确对待学生提出的"计划外"的问题。我听过一节小学的语文课，讲小白兔在雪地里踩出的脚印像梅花，公鸡在雪地里踩出的脚印像竹叶……课中，有一个孩子提出：小动物踩出的脚印应该是在雪地"上"，而不是在雪地"里"。老师愣了一下，让他坐下，就再不予理睬了。这本是个非常好的问题，如果教师就此让学生通过比较，分辨"里"和"上"的方位关系，那么，此处可能就是这堂课最生动的地方。二是要正确对待学生的"错误"答案。有一个考试题是讲"孔融让梨"的故事，问题是：如果你遇到这个情况会不会让梨。结果有的学生回答"不让"。老师打了一个叉，扣 5 分了事。对这样具有开放性的题目做如此简单化的处理，既不尊重学生，也难以达到引导学生正确思考的目的。三是要正确对待没有标准答案的问题。北京的一位学生到英国参加私立中学的面试，考官将一篇写地震的文章给他看，请他猜作者是一个什么样的人。这是一种没有标准答案，但完全可以看出孩子对文章的理解能力和分析能力的题。这个孩子后来说，他有两个答案考官最满意。一个答案：作者是一个 30 岁以上的人，因为文章中的语气显示出作者是一个比较成熟的人。另一个答案：作者是一个男人，因为文章虽然充满了感情，但作者显得很坚强。其实，到现在他也不知道这个作者是谁，但这显然已经不重要了。

我们要形成尊重学生、包容学生的课堂文化。要发展学生"好问"的天性，鼓励提问，即使学生的问题"幼稚可笑"。如果学生的回答不符合标准答案，那么我们应该从中找出其合理的成分，以保护他们的积极性。要正确处理好非预期事件中生成的各种课程资源，这是一种艺术。教过多年书的教师都明白，真正效果比较好的课都是磕磕绊绊的课，非常流畅的课基本上都是表演课。

②注重知行统一。加德纳的多元智能理论认为，智能是一种处理信

息的心理潜能。这种潜能在一定的文化背景下，会被激活，以解决问题或是创造该文化所珍视的产品。也就是说，传统的"智力"概念强调解答问题的能力，而"智能"概念强调在实践中解决问题和生产产品的能力。

有人曾对美国学生和中国学生提出同一个问题：一张 A4 纸最多能对折几次？中国的孩子不假思索地回答"无数次"；而美国学生则拿来一张纸开始折，结论是"最多可以折八次"。由此可以看出，我们过分重视推理的结论，而不太重视实践的结果。

美国的国家数学委员会在一份报告中提出，鼓励与支持开展严谨、实证的数学教育科学研究。他们主张，把数学教育决策建立在以实证为基础的科学研究的基础上。这对我们是很有借鉴意义的。

③注重因材施教。学生有很多共性，但也有很多差异。亚当·斯密的《国富论》几乎把人都看成是"理性经济人"，同样，我们的教育学也常常把学生都看成是"理想的学生"。于是，我们探索出许许多多以"理想的学生"为对象的规律和模式，以为它们可以在每个学生身上发挥作用，但实际上并不存在这样的"理想的学生"。

每个学生的智能结构以及原有的学习史造成的发展基础与水平的差异决定了他与别人的不同，而且，影响每个人内因发挥积极作用的外因也不尽相同。可以说，教育学发展的原动力就来自这一个个不同的"非理想"的人。

所以，如果我们的课堂教学只停留在对一般规律进行研究与应用的层面，以对"假设的学生"的教育逃避现实的、具体的学生带来的挑战，并以固定的模式为标准对课堂教学作出评价，那么我们就难以真正面对现实的、个体的差异，当然也就难以取得教育的实效。

现在，最大的危险来自一些"专家"。他们往往按照一般的教学原则评课，并不了解具体的学生。这样，老师备课的时候就要研究怎么顺应专家的需要，要有哪些亮点引起他们的关注。如此，我们的课就变成给专家"做课"了。这样的课并不一定符合学生的需要。

我们在推进课改的过程中，比较重视课堂教学呈现方式的转变和通用原则的运用，而忽视针对不同学生的情况研究教学。这种方向性引导的偏差，使得教师越来越漠视对教育对象差异性的分析。在这种背景下，研究学生也就有了特殊的意义。我们必须在了解学生的基础上来研究教学。教师说课时，要说教学内容、教学方法、教学过程，但首先应该说学生。

总之，通过创造适合不同学生的课堂教学，促进个性化学习，使不同的学生都能打好全面的素质基础，这就是最好的课堂教学。这种课堂教学对于教师的专业发展、对于达成教育目标具有本源性意义。

最后，我们来看几节课。

美国的一节历史课。教师上课后说："上一次的历史测验我们全班都不及格，现在，哪个同学给我 10 美元，我就把他的成绩改成及格，但有个附加条件，在座的白人学生可以享受这个待遇，黑人学生不能享受。"话音刚落，黑人学生就又嚷又叫，表示抗议，课堂一片混乱。最后，老师让学生们都坐下，他说："我们这节课讲当年美国的黑人暴动。刚才你们已经体会到那个最不公平的待遇是难以忍受的，这种不公平的待遇就是当年黑人暴动的原因。"

加拿大的一节化学课。教师先讲波义耳定律的定义和如何推导，接下来让一部分学生到讲台前自由走动，然后他把手伸开来，围着这些孩子，缩小他们自由走动的空间，直到把他们都挤在墙角，动弹不了。波义耳定律讲的是气体压力与体积的关系。前面对于定义的解释，适合语言智能比较发达的孩子；公式推导适合数学智能比较发达的孩子；而最后这部分适合空间智能比较发达的孩子。这样教师就从不同的角度，让具有不同智能优势的孩子都能理解这个定律。

国内的一节数学课。这节课的内容是学习乘法口诀表。教师给每个孩子发一个写有"一一得一"、"三四一十二"等乘法口诀的牌子，让孩子们通过做游戏，快乐地学数学。课后我问老师，从"一一得一"到"九九八十一"是 45 个牌子，你们班怎么正好有 45 个学生呢？老师脸红了，回答："其实我们班有 53 个学生，但为了便于表演，校长说就别让那 8 个学生来了。"

这些课反映的是各自的课堂文化，其中的差异值得我们深思。

一种积极向上的课堂文化是学生智慧、能力、人格生长的必要条件。改革当然不仅仅发生在课堂上，但我们可以肯定的是，没有发生在课堂上的改革，绝对不是真正的改革。

（作者为国家教育咨询委员会委员）

校长教学领导力的提升

刘景　褚宏启

一、什么是教学领导力

　　教学领导力是校长领导力的核心，是校长综合素质的集中体现。教学领导力的核心地位是由校长的职业角色定位决定的。美国学者斯佩克将校长角色定位为管理者、教育者和领导者，但在现实中，这三个角色间是有冲突的。当前，许多校长用在管理上的时间较多，用在学校最核心的教学业务上的时间较少，没有时间关注课堂，因此，很多校长在教育者这个角色上做得不太好。这种情况不仅在中国的校长群体中存在，国外的校长包括美国的校长也一样没有时间进课堂。

　　许多校长对管理和领导这两种行为的内在区别还不是很清楚。管理的本质是执行力，是实现既定目标，是把事做正确。而领导更多的是指做正确的事，是引领大家分清是非善恶，把握事物发展的方向。领导者要具有很强的战略管理和战略规划能力，领导的本质是领导力。

　　因此，我们现在强调校长要从事务性的管理当中脱身，更多地关注一些宏观的问题，更多地关注课堂，其目的是让校长做一个领导者，做一个教育者。最理想的状态是一个校长既有很强的领导力，又有很强的执行力，通俗地讲，就是"把正确的事做正确"。

　　那么，校长该做的正确的事到底是什么？笔者认为，校长该做的最正确的事就是进课堂。正职校长该不该进课堂？或者说，"大校长"该不该进"小课堂"？对此问题，校长们的看法不尽相同。有的校长认为，我是"大校长"，我主外，抓关系、抓资金，学校有专门管教学的副校长，有他进课堂就足够了；还有的校长认为，课堂太小了，太基层了，我是抓大方向的，所以我不需要进课堂。对此，笔者认为，学校中最重要的事，恰恰就是发生在最小的课堂里面的事。校长进课堂后，其教育者、领导者的角色才能很好地结合起来，其教学领导者的形象才能真实地呈现出来。

因此，笔者认为，教学领导者是校长多种角色中的一个核心角色，它能够把管理者、领导者和教育者三个角色融为一体。校长应扮演好教学领导者的角色，提升教学领导力，在学校管理中既要站得更高、看得更远，也要更扎实地深入课堂，开展教学研究。

讨论校长教学领导力，就必然涉及上课、听课、评课问题。校长教学领导力等不等于校长上课？它与听课、评课是什么关系？各地方教育行政部门和校长本人对这些问题的看法与做法不尽相同。笔者认为，如果校长精力和时间允许，可以上一点常态课；如果精力和时间不允许，则不必上常态课，但可以上一点示范课。不管上不上课，校长必须常听课、会评课。

那么，什么叫"常听课"？有一些地方教育局规定，校长一学期至少要听20节课。一学期听20节课，平均到每周仅仅是1节课，笔者认为，这不能算"常听课"，只能叫"偶尔听课"；一周不能少于3节课，才可以叫"常听课"。现在，有一些校长坚持每天第一节雷打不动去听课，第二节课以后才去处理其他事务，这种工作安排值得借鉴。

怎样才能"会评课"？校长评课与学科教师评课不同。校长不可能也没有必要对教师进行学科知识点与教法的评价，校长在评课时应更倾向于通识性指导，如教学目标、学习条件、学习指导与教学调控、课堂氛围和教学效果等。

校长做到了"常听课"、"会评课"，是否就意味着他已经具备了较强的教学领导力？教学领导力实际上就是"教学"加"领导力"，就是对教学的领导力。现在的问题是，我们往往把教学简单地理解为"教"。

而实际上，教学既包括"教"，也包括"学"，西方国家尤其重视"学"。在对教学领导力进行深入探讨的过程中，国内外学者已经开发出一些有关校长教学领导力的模型。综合各种研究，结合当前我国中小学教育教学实践，笔者认为，校长教学领导力应包括这样几方面的内容。

二、校长教学领导力包含的内容

1. 明确的教学目标

校长要让学校内的每位成员都清楚本学校的存在意义，让每位成员都清楚教师"教"和学生"学"的终极目的。校长应该让师生明了，学校教学的目的不仅仅是为了让学生学习有限的知识，更不只是为了考试，而是为了更高、更全面的目标：其一，为了孩子的全面发展；其二，为了社会的全面进步。

2. 合理的教学内容

这是"教"什么、"学"什么的问题。首先，学校要有一个完整的课程体系，这个课程体系不能仅仅依靠教师来建设，校长必须对课程有研究。其次，让每位教师教该教的内容，让每个孩子学该学的内容。

3. 恰当的教学方法

这是怎么"教"、怎么"学"的问题。很多大城市的学生课业负担很重，其中一个重要原因就是学生学习方法不当，本来1个小时能做完的题要做3个小时。因此，校长要引导教师，既要教给学生知识，更要教给学生科学的学习方法。

4. 优质的教师发展

校长要通过有效的校本教研和其他培训方式促进教师团队优质发展。校长不仅要研究教师，更要研究学生，要围绕学生发展来规划教师教研和培训的重点。

5. 健全的学校与家庭、社区的联系

校长要引领学校充分发挥家庭和社区多方力量的作用，形成教学合力。目前，在学校与家庭、社会的联系中，功利性的联系多，真正关注孩子全面发展、充分发展的联系比较少。校长应努力扭转这种局面。

6. 充沛的教学条件支持

"大校长"在学校里具有最高的资源统筹能力，因此，应把学校最重要的物质资源和制度资源用来支持教学活动。

7. 科学的教学评价、发展评价与反馈

校长应主导学校建立明确的判断教师的"教"和学生的"学"的标准，要对教学工作进行及时反馈。

校长的教学领导力主要体现在这七大方面。这些教学领导行为的达成，要远远超出一位资深的学科教师的行为能力，也是分管教学工作的副校长难以做到的，必须靠校长在学校层面上动用学校的整体资源才能实现。提升校长的教学领导力，也必须从以上诸方面入手。

（褚宏启为北京师范大学教授，刘景为北京师范大学硕士）

校长如何更专业地听课？

李晶

听课与分析课是校长管理学校教学、提升教学领导力的一条行之有效的途径。通过听课，校长可以准确把握学校教学工作的真实情况，为学校教学管理的科学决策找到可靠的依据；可以密切校长与教师之间的关系，使校长了解教师的教育思想、业务水平，便于有针对性地培训、管理教师。

教育家苏霍姆林斯基认为，听课和分析课是校长的一项极为重要的工作。他对年轻校长的听课和分析课提出了9点建议，他说，教师集体和学生集体生活的智力丰富性、教师的教学法技巧、学生的需要和兴趣的多方面性，都取决于听课和分析课这一工作是否有高度的科学水平。笔者结合自己长期在中小学听课的体会，从听课的目的、听课的时机和听课的观察点等方面，谈一谈校长如何提高自己听课的专业化水平。

一、校长听课的目的

正如校长听课时首先要判断"教师的课有没有明确的目的"一样，校长在走进课堂时也应该首先思考，自己听课有没有明确的目的；同时，听课后，校长还应反思在多大程度上实现了自己的目的。否则，在繁忙的工作中，校长就会感到，听课得到的信息不如听总结和汇报集中、有效，听课浪费了许多时间。

校长听课的目的一般有三种。一是"了解性听课"。即通过课堂观察，了解教师的教学情况和学生的学习情况，为制定提高学校教学质量的各项措施提供第一手资料。二是"判断性听课"。主要是通过听课，判断教师的专业发展水平，便于有针对性地培训、管理教师。三是"研究性听课"。主要目的是通过听课，搜集关于解决某个或某些问题的有效策略。在某一次听课中，校长可能以某一种目的为主，兼顾搜集其他信息，或意外收获其他信息。

二、校长听课的时机

校长听课的时机因听课目的的不同而不同。

"了解性听课"应该纳入校长日常工作的时间表，成为校长的常规性工作。校长听课时可以事先不向被听课的教师打招呼，采取听"推门课"的方式。但是，校长对于听课对象要合理"抽样"，以掌握全校的教学质量动态。

对于"判断性听课"，尽可能不要采取听"推门课"的方式。因为校长要听"推门课"，很可能遇到教师在上复习课、讲解零散的或补充性知识的课，或者教师不易表现其教学水平的课，这样会使被听课人和听课人都感到很不舒服。"判断性听课"前，校长应与被听课的教师商议，听取其意见，在被听课人认为适宜的时候去听课。一般来说，教师多会在教授精彩篇章或自己得心应手的片段时请校长听课。这样，校长可以在教师做好充分准备的情况下，给教师展现自己的教学理念和教学风格的机会。因为"判断性听课"主要是根据教师专业发展阶段的特征，通过观察、谈话等方式，透视、判断教师所达到的专业发展水平，所以，只有听课和被听课的双方对教师的授课水平和存在的问题达成共识，形成的诊断和判断才有价值。而且，大量的实践经验表明，处于某个发展阶段的教师在教学中表现出来的本质特征是稳定的，一般不会因为是否做了充分的准备而改变。

对于"研究性听课"，校长何时听课不但要与被听课的教师商议，而且要与参与研究的其他成员商议；要选择最具代表性的内容和环节听课，而且不能偶尔听，而是要根据研究的进程连续听。

三、校长听课的观察点

校长在听课时的观察主要分为"有意观察"和"无意发现"。无论是"有意观察"还是"无意发现"，关键是校长头脑中要有一个思维框架。校长听课的目的、时机不同，观察点和思维框架也就不同。

1. "了解性听课"的观察点

校长听课的思维框架的建立要以课堂教学质量标准和教师教学能力要点为基础。

例如，学校的课堂教学质量可以从"教学设计"、"教学实施"和"教学评价"三个方面体现。"教学设计"又可以分解为三个相互关联的部分："教师对教材的理解"、"教师对学情的把握"、"教师综合教材与学情确定教学内容"。

同理，"教学实施"可以分解为"信息传递"、"提问"、"强化"、"倾听"、"互动"、"关注个体差异"和"调控"等若干个具体的观察点。每个观察点可以再分解成若干层次。这样，校长在听课时，头脑中就形成了一个比较完整的思维框架，这有助于"有意观察"。

当然，课堂教学瞬息万变，除了"有意观察"，校长还要学会"无意发现"。例如，校长"有意观察"的目的是"看教师在课堂教学中是否注意了师生互动与生生互动，以及用怎样的教学策略促进互动"。在观察这个要点时，校长可能会发现，教师请男生解答数学问题的次数远远多于女生。这就是校长"无意发现"的问题。因此，"无意发现"要求观察者头脑中对何为教师的专业素质有一个整体的框架和深入的理解，这样才能捕捉到有价值的信息。

在课堂观察中，校长还可能发现，尽管学生在不断地与教师对话，但是，从对话的内容看，学生并不是在讲自己的看法，而是讲教师希望

他们讲的话，或是书上现成的答案；一个学生讲过后，绝没有其他人提出疑问或不同的看法。遇到这样的课堂，校长应该怎样分析？

2. "判断性听课"的观察点

校长要对教师的发展水平作出判断，首先必须有一个思维框架。例如，把教师专业发展分为若干阶段，抓住不同发展阶段的教师在教学中的特点进行观察。这样，校长在听课时，头脑中就形成了一个思维框架。依此框架观察，就能更深刻地分析教师的成长状态，向教师提出进一步发展的建议。

3. "研究性听课"的观察点

教师的教学经验一般有三种存在形式：①零散的、偶然的；②案例性的，带有情境性；③程序性的，形成了可以被传播和检验的经验，即"知识"。

校长带领其他研究人员一起听课、研究问题，要逐渐减少第一类经验的比例，使其向第二、第三类转化，提高后者的比例。

第一步，以形成案例为主（案例是连接理论和实践的桥梁）。案例形成包括以下几个基本步骤。①前期准备。研究者洞察中小学教学中存在的问题，进行有关的调查，搜集详尽的材料。②确定主题。每个案例都要突出一个鲜明的主题，它常与教学改革的核心理念、常见的疑难问题相关。要注意围绕研究的问题确定主题。③情境描述。案例源于教学实践，但不是课堂实录，它应以引人入胜的方式展开，有相对完整的情节和一些戏剧性的冲突，以反映事件发生的时空特征，揭示教学工作的复杂性以及师生情感、动机和价值观等方面的变化。有时为了突出主题、提示讨论的焦点，可以对"原形"适当地加以调整，但不能杜撰。情境描述一般要制成音像材料。案例在运用于教学之前，应得到同行的确认。

第二步，案例运用。案例运用的基本步骤如下。①案例引入。可运用打招呼、发阅读材料、介绍趣闻轶事和展示视频材料等方式，引起大家对案例内容的兴趣；也可以在使用案例前，拟出一份参考材料发给大家，内容包括案例说明、相关的教育理论与学科知识背景和建议讨论的问题等。②案例讨论。讨论的问题有多种来源，主持人事先应做好充分的准备。如分析案例中导致教师思维"两难"的某个实际情境，或对案例中某一现象进行剖析。校长也可以用综合的眼光向大家提出开放性的问题。大家应就自己的理解，积极提出解决问题的方案，并在比较、论证的基础上，确定一个或若干个最佳方案。③诠释与研究。多角度解读案例，对问题产生的原因和解决问题的过程进行反思。可以采用课堂教学行为技术分析等教育科研方法进行研究。

案例形成与案例运用的过程，即"研究性听课"的过程，也即形成案例性知识的过程。

总之，校长听课和分析课的效果取决于校长进行质性研究活动的技能与艺术；听课是一项专业性很强的研究活动，其空间无限、奥秘无穷。

（作者为北京教育学院教授）

学校教学领导如何观课、评课？

程
红
兵

课程是立体的，包括教师、学生、教学、教材和课程资源等因素。相对于课程而言，教学是线性的，从课程计划到备课、上课、辅导和测试等，是一个过程。而相对于教学而言，课堂是点状的。学校教学领导要在课程、教学和课堂这三方面做文章，其中第一位的应是课堂。课堂是关系到学校是否站得住的关键。

那么，学校教学领导应该如何观课、评课呢？

一、看专家怎么评

学校教学领导在观课、评课时要明确观课、评课的目的是什么。评课、观课的核心要点在于促进教师发展。因此，评课要回归"原点"。

1. 专家怎么评价课堂

我们先要研究专家怎么评价课堂。华东师范大学叶澜教授说，好课有"五个实"。这值得我们借鉴和思考。

一是扎实的课。

扎实的课指有意义的课。学生听这堂课和没听这堂课有差异，这堂课就有意义；否则，这堂课就没意义。笔者听过一堂语文课《天上的街市》，教师一开始即用电脑呈现了一个非常漂亮的画面，然后向学生提问："同学们，这是哪里的街市呢？"班上的学生异口同声地回答："这是天上的街市。"这个环节毫无意义、毫无价值。很多教师的课堂教学第一个环节就是无效的，七八分钟过去了，还没有切入主题。

二是充实的课。

充实的课指有效益的课。有些教师废话比较多，常常上不完课。我们曾做过一个调查，学生在课堂里最讨厌老师喋喋不休、唠唠叨叨地讲他们已经会的东西。

三是丰实的课。

丰实的课指有生成性的课。课堂最本质的特点就是师生即时性的对话交流，教师和学生的对话交流会产生很多新的东西，因此，我们应该倡导师生、生生间进行积极的对话。

有一次，笔者去一个非常好的幼儿园听课，课的内容是讨论六种动物该不该穿衣服的问题。最后，师生讨论的结果是六种动物都不需要穿衣服。这时，有一个小朋友举手说："老师，蛇也不能穿衣服。"我听了以后非常开心，这个孩子产生了一个新的想法，这是这堂课成功的标志。哪知道，那位教师说了一句："对不起，今天不讨论蛇的问题。"一下子就把问题给压下去了。我在评课的时候就提出，幼儿园有必要这么"课程化"吗？有必要这么"目标集中"吗？

四是平实的课。

平实的课指常态下的课。现在，有些公开课教学已经脱离常态了。我们研究常态下的课才有意义，才能真正把握教师课堂教学中的实际问题。

五是真实的课。

所有的课都应该是有遗憾的。但是，现在有些所谓展示课、公开课假得太厉害了，教师做了精心的准备，甚至于孩子的回答也是预先设计好的。中国著名语文特级教师于漪在82岁高龄时说了这样一句话："我当了一辈子的教师，我一辈子学做教师；我上了一辈子的课，我上了一辈子令人遗憾的课。"这是一个德高望重的、有非常高的教学水准的人说的话，它对我们很有启发。

2. 专家怎么评价教师

我们再看一看专家是怎么评价教师的。

一是脑中有"纲"。

什么叫"纲"？"纲"就是课程标准。教师应该对课程标准有整体、全面的理解和把握。课程标准表达的是一个学科对一个特定年龄段的学生应该有什么样的学科要求。很多教师备课不看课程标准，缺乏对课程的宏观、系统的把握。

二是胸中有"本"。

胸中有"本"（即教材）的含义主要有两点。第一是对教材滚瓜烂熟。很多优秀教师上课，几乎不用看教材、教案，教材上的那些内容早已烂熟于心。于漪老师是复旦大学教育系毕业的，语文并不是她的专业，她要求自己把凡要上的课文都背下来。第二是教师要真正理解、把握教材。什么叫真正理解？用什么方式真正理解？我在上海建平中学担任校长的时候，把现行的各种版本的教材，江苏版的、人教版的、语文出版社版的、山东版的、上海版的……所有出版社出版的同一册教材统统拿来请教师们去作比较研究。教师们把这些教材摆在一起后，就能清清楚楚地了解哪些教材在哪些方面是有长处的，哪些教材在哪些方面是有短处的，这样，教师就可以集各家之长，为我所用。

三是目中有"人"。

教师是对学生进行教学，理应了解学生。一天下午，我在上海市一所重点中学连续听了三堂课，评课时我不客气地说了一个观点：在这三堂课上，三位教师分别提出了许多问题，但没有一个教师让学生提出哪怕一个问题。我们了解学生往往是凭经验，凭主观臆断，我们并不知道学生真正的想法。所以，教师要让学生提问题，了解学生的实际需求，这是非常重要的。有经验的教师通过眼神，就能把握学生此时此刻的思维状态——是困顿的？是豁然顿悟的？是文思泉涌的？

四是手中有"法"。

我曾到一所名不见经传的农村学校听了一堂数学课，听后，我非常佩服这位教师。他是农村中学的一个普通教师，既不是学科带头人，也不是高级教师。他让人佩服之处在哪里呢？他让困难生上台解题，让中等生上台纠正错误，让优秀生上台作讲解，并介绍更好、更简便的新方法。这个教师了不起，这一招等于覆盖了所有类型的学生。他没有发表任何文章，没评上高级教师，但这样的教师是真正意义上的优秀教师。

二、看学生怎么评

现在，我听完课最喜欢的事就是拉三五个学生坐下来，和任课教师一块儿聊天。谈到很多问题时，任课教师都会发出这样的感叹："我真没想到学生会这样想！"这说明，教师对学生的预测有的是与实际相吻合的，有些则是相悖的。学校教学领导每学期在一个年级应至少召开一次座谈会，了解学生对教师的评价。

1. 学生怎么评价课堂

我仅举一个来自学生的有代表性的例子，这个学生希望在课堂上听到三种声音。

一是掌声。

他希望听到来自老师或同学的深刻而精辟的见解，简便的解题思路、解题思想或解题方法。他希望自己在课堂上有所感悟。我想，学生的这个要求是不过分的。一堂课下来，连一句精彩的话都听不到，他们会满足吗？

但是，我现在听的很多初中和小学的课都是师问生答，基本上都是教师鼓掌，孩子就跟着鼓掌，"啪、啪啪，啪、啪啪"，很有节奏感。但这种鼓掌是没有用的，是形式上的，而不是发自内心的。

二是笑声。

他希望教师上课生动而精彩，学生有兴趣走进课堂。复旦大学学生无记名投票，选出来最受学生欢迎的十大"人气教授"，排在第一位的就是《英汉大辞典》的主编陆谷孙教授。有人问陆教授，他的课为什么让学生这么喜欢，陆教授说，他每堂课一定要让学生至少大笑三次。

三是辩论声。

他希望在课堂上发表自己的观点，这是一个进步。美国加州理工学院有一个心理实验室做了一项研究，结果表明，学生的思维在与别人辩论时最活跃。当然，此时教师的教学效率也是最高的。

2. 学生怎么评价教师

有学生这样评价老师：好老师就是在课堂上显得比平时更漂亮的老师。教师虽然很苦很累，但是，只要走进课堂，他们就应该神采飞扬，并用这种情绪去感染孩子。

学生认为教师微笑时是最美的。有些教师上了 10 年、20 年的课，但只要走进课堂就不会笑了。因为在他们看来，学生总是欠他们的——学生应该考 100 分，结果考了 98 分，欠 2 分。作家魏巍在《我的老师》中回忆他的小学老师蔡芸芝，其中有这样一句话："仅仅有一次，她的教鞭好像要落下来了，我用石板一迎，教鞭轻轻地敲在石板边上，大伙笑了，她也笑了。"西方有句教育谚语：教师就是面带微笑的知识。

"察言观色"也应是学校教学领导观课、评课的一种方式。你可以与教师进行交流：你上课应该是这样一种笑态、这样一种姿态。我现在经常听课，听课时我喜欢坐在可以观察学生面部表情的角落里听，孩子的面部表情是会说话的，孩子们眼睛放光，这堂课就成功了。

三、我怎么评价课堂

关于如何评课，我提出"三看"：第一看目标，第二看过程，第三看效果。

1. 看目标

看目标一要知道教师想干什么，如果五分钟过去了，你还不知道教师这堂课要干什么，那么这节课就有问题了。二要追问教师为什么会有如此的目标取向，即他的依据在哪里。目标依据来自学生，来自教材，来自教师。如果教师设计目标时把学生丢掉了，只是根据教材设计目标，那就会有问题。三要继续追问这样的教学是否有学科特点。如果数学课不是数学课了，语文课不是语文课了，那也成问题。四要再追问这堂课是否符合课程标准，符合三维目标的要求。当然，这种评价不是机械的，是需要从总体上去把握、宏观上去衡量的。

我听了上百堂课之后，发现教学目标这个环节存在的最大问题是目标模糊。教师写在教案上的目标清清楚楚，但呈现在课堂上却让人不知其所以然。

教学目标模糊怎么办？有三个解决办法。

第一，成就证明。成就证明通常是理科教师喜欢采用的方法。教师通过观察学生的行为，采用以下外显的行为动词表述学生的学业成绩，如"列出"、"定义"、"计算"、"演示"。文科教师一般不大用这个方法，其实也不妨借鉴一下，如让学生读出什么、联想什么、给出什么定义、作出什么判断和演示什么等。教师上课时使用这样的方法，课堂教学目标就清晰了。

第二，行为条件。即教师把期望取得的成绩所必需的条件具体化。学生明白必须借助什么条件来达到要求。这样，教学目标就非常清晰了。

第三，水平要求。现在，很多教师的课堂教学都没有水平概念，没有水平概念的课堂肯定是低效的课堂，甚至是无效的课堂。什么叫水平概念？就是要有时间概念、速度概念、精确度概念、质量概念。例如，这堂课是英语课，要教单词。教师要求学生对所学单词的拼写准确率在90％以上，这就叫有水平概念，有水平要求。有些教师讲单词就是讲单词，对孩子们会获得什么没有概念，这就叫没有水平要求。

上述三种方式我们都称之为行为目标。行为目标的缺点在于：强调学生外在的行为结果，但没有注意学生内在的心理过程。

心理学家告诉我们，应设置将内部过程和外显行为相结合的目标。学习的实质是内在心理的变化。因此，教育的真正目标不是具体的行为变化，而是内在的能力或情感的变化。教师在陈述教学目标时，要明确陈述记忆、知觉、理解、创造、欣赏、热爱和尊重等内在的心理变化。

2. 看过程

一是关注教材处理。

我们今天提倡的是"用教材教"。"用教材教"不是教材有什么我们就说什么，而是学生需要什么我们才教什么；不是根据教材的结构来选择教学的结构，而是根据学生的心理结构和行为规则来决定教学的结构和规则。

那么，教师应该怎么处理教学内容呢？第一，搞清楚什么是学生已经懂的，对学生已经懂的内容，教师只作检查就可以了。第二，对于学生自己读教材就可以弄懂的内容，教师应要求学生进行概括与提炼；学生概括、提炼不到位时，教师再给予指导和帮助。第三，对于学生看教材也弄不懂但通过合作学习可以搞懂的内容，教师要组织小组讨论。每个小组的成员应是预先设计好的，其构成应是异质的。我在建平中学担任校长的时候，提拔了三个副校长，一个是教数学的，一个是教物理的，一个是教生物的。我是语文教师，这三个副校长的思维结构和我的不一样，他们思考问题的方式也和我不一样，他们可以弥补我的不足。这样，我们团队才能够实现效益最大化。第四，对于学生看了教材也不懂，通过讨论还不懂的内容，教师必须讲授和阐明。第五，对于教师讲了也不懂、必须通过实践才能搞懂的内容，教师就要进行活动设计与示范。例如，语文教师在课堂上讲边塞诗，学生没有感觉。我们曾经包过一列火车，组织 600 多名师生从上海出发，第一站到西安兵马俑，看过之后，孩子们立刻就能领悟到什么叫做厚重的汉唐文化。第二站我们到嘉峪关，到阳关，到玉门关。到了玉门关，孩子们立刻就读懂了什么叫"春风不度玉门关"；到了阳关，孩子们立刻就读懂了什么叫"西出阳关无故人"……可见，特定的知识是和特定的空间与特定的活动有内在关系的。

二是关注教师的语言表达。

现在有一种非常明显的倾向：一强调以学生为主体，教师就少讲一点，甚至不讲，这导致了教师语言能力的弱化。教师的语言有三种境界：想得清楚，说得明白，使学生听得懂、说得出；声情并茂，传神动听，使学生身临其境，如闻其声；话语有限，其意无穷，使学生充分想象，思也无涯。

三是关注教学策略的选择。

我们现在大量使用的所谓"启发式"实际就是"问答式"。"问答式"其实是有讲究的，但教师们不大注意这一点，在运用中通常存在以下问题。①机械性问答，教师设置的问题根本就没有思考的价值。②单一模式，主要是教师问，众生回答，结果学生的很多问题都被遮蔽了。③即问即答，教师一提问题，学生马上就站起来回答。我们为什么不能让学生闭上眼睛想一想呢？没有思考的回答，就是低效、低层次的回答。④在不该设置问题的地方设置问题。

四是关注教师的思维方式。

我听课特别关注教师的思维方式。例如，我听了一堂物理课，我知道这位教师运用的思维方式是演绎法。他先让孩子们一起解决定义、定理、公式等问题；然后，带着学生应用公式解析题目；最后，让孩子们做作业。演绎法，是由一般到个别的过程。

再如，我听了一堂数学课，我发现教师运用了归纳法。他从一道应用题的解题过程出发，帮助学生明确算式与方程的区别，归纳出什么是解方程、什么是方程的解，然后再让学生对照书本上的定义，研究自己

的错误。这是从个别到一般的过程。

这两种思维方式我们应该综合起来考虑，综合起来运用。

五是关注开放度。

教师在上课的过程中，能不能打开一点小小的窗户，增加一点开放度？比如说数学教师，计算"99×2"等于几，可不可以换一种方式计算，如"$100 \times 2 - 2 = 198$"，这就是增加了开放度。今天的课程改革关注课程资源的开发，我们过去讲"教科书是学生的世界"，我们今天讲"世界是学生的教科书"，教师要善于开发各种各样的资源，为教学服务。

六是关注旁例和反例。

在理科教学中，教师通常特别重视进行正向迁移。对于一类题目，有些教师先在课堂上分析讲解例题，然后再提供一个和它相关的例题，好像这样学生就全部学会了。而有经验的教师不但会给学生相关的正例子，而且会给学生旁例、反例。如果教师在课堂上根本就没有旁例和反例，只强调共同性，不强调差异性，那么，学生就不可能真正掌握知识。学习迁移的必要条件是同时具备共同性和差异性。

3. 看效果

一是关注学生学的效果。

教师教得怎么样，往往要看学生学得怎么样。从认知角度而言，关注学生原来不知道什么，通过这堂课知道了什么；学生原来不会什么，今天学会了什么。从情感角度而言，关注学生原来不喜欢什么，现在喜欢什么。

看学生学得怎么样，最好看一看学生们的表情，关注学生是否全员参与，是否眼睛都在动，关注他们的情绪状态和交往状态。

二是关注课堂教学的效度。

我们关注课堂教学的效度，要考虑其即时性的短期效果，即"三高"。第一，教学目标达成度高（课堂学习讲求效率）。第二，学生的参与度高（学习态度积极，情绪高涨）。第三，学习的幸福度高（学习愉悦、快乐、健康）。我们关注课堂教学的效度，还要整体把握其长期效果，即"三化"：第一，知识与技能的结构化；第二，过程与方法的体系化；第三，情感、态度、价值观的理性化。

在课堂教学中，教师要整体考虑三维目标。理科教学要培养学生的科学态度：第一，求是；第二，质疑。如果这堂课，教师连一次质疑的机会都不给学生，那么教师是在培养学生的科学态度吗？《大背叛》一书，把所谓的科学家们做的一些伪科学的事情、错误的东西都揭露了出来。从这个意义上讲，我们要培养学生的质疑精神。我的语文课就是让学生说自己的话。但是，我要求他们：第一，自说自话，第二，言之有理、言之有据。

我听过一节物理课，学生在学习之前没有问题，之中没有问题，之后也没有问题，那么这堂课是效率最高的课吗？在评课的时候，我坦言："这堂课，我没有看到任何问题，这就是最大的问题！"教师提出问题之后，同时进行解说，所以孩子没有犯错误的机会。换句话说，教师给了学生支架和拐杖，但是，却没有给学生方法。教师始终是牵着学生走的，那么学生没有拐杖还会走吗？今后，学生会独立发现问题吗？

三是关注新课程理念。

看课堂效果，还要看新课程理念在课堂中的落实情况。新课程理念倡导：课堂教学不是简单的知识学习的过程，而是师生共同成长的生命历程，是激情与智慧综合生成的过程。

（作者为上海市浦东教育发展研究院院长）

引桥课程：为学生有效学习搭桥

赵桂霞

　　"引桥"，本意是指从正桥伸向岸边的过渡桥，用来连接正桥和陆地，使桥和岸上的路平稳衔接。在长期的教育教学实践中笔者发现，孩子的校园生活以及学科知识的学习，也都需要这样的引桥。笔者试将拙著《中小学引桥课程论》中的核心内容择出，就教于同人。

一、热身"引桥课程"

　　小学生毕业以后的那个暑假，被人们称为"无主假期"。这个假期，孩子们处于小学不再管、初中管不上的状态，导致孩子们的假期生活单调、无序。而这个假期对一个即将上初中的孩子来说，无疑是非常重要的。我们常常听到家长的困惑："我的孩子小学比较优秀，为什么到了初中就不行了？"究其原因，一是初中聚集了若干所小学的学生，优秀者甚多，有些孩子相比较而言就不那么优秀了；二是有些孩子没有尽快适应初中生活。调研发现，有相当一部分学生在小学与初中出现的落差表现与家庭在这个假期对孩子的放任有直接关系。

　　热身"引桥课程"为帮助小学毕业生有效利用"无主假期"而开发，目标是引导学生"趁着长假快进步，'无主假期'变有为"。其课程内容包括"寻梦远足"、"知识梳理"、"阅读铺垫"、"实践活动"4个板块。我校招生部门确立初一新生名单后，学校第一时间组织学生开展"寻梦远足"活动，到市区最好的高中学校参观，增强他们的中学生意识，使其确立新的发展目标。"知识梳理"主要是以画知识树的方式，将初中学习中需要的小学阶段应掌握的前置知识进行系统回顾。"阅读铺垫"在于扩展阅读内容，为初中各学科学习打基础，阅读书目包括《生物智慧树》《生物奇谜》《中华上下五千年》《假如给我三天光明》以及经典名著等。"实践活动"包括社会实践和社区服务，要求学生利用假期研究一个小课题，做一项不少于两天的社会服务活动。

热身"引桥课程"由各学科教师共同开发。为了帮助学生进行有效阅读，学校还专门在网上开通了"阅读指导"栏目。学生在暑期自主完成"引桥课程"，入校后进行成果展示，分享收获，交流体验。"有为假期"改变了孩子们的假期生活，让他们过得更充实，更有意义，也得到了家长的普遍好评。

二、入校"引桥课程"

新生入校后，如何尽快地适应初中生活成了所有新生面临的重大问题。我们在调研中发现：刚进入初中后，62.0%的新生感到焦虑无助，93.8%的新生希望得到帮助。为此，学校开发了新生入校"引桥课程"，于开学后一周内实施，帮助新生尽快适应新学校。

入校"引桥课程"设置三个板块："走进学校"、"认知自我"和"规划未来"。课程目标是帮助学生消除茫然无助情绪，尽快形成对学校、班级的认同感与归属感；引导学生正确认识自己，客观评价自己，努力提升自己；指导学生规划发展路径，确立发展目标，以积极的心态度过每一天。

"走进学校"有"认亲"和"认家"两个环节。"认亲"就是认识新同学，认识新老师，尽快成为一家人。"认家"就是让学生熟悉这所学校，认识校园生活的各个场所，确立"学校是我家"的意识。

"认知自我"包括"认识初中"、"适应初中"、"班规校规我来定"和"军训"等具体内容。"认识初中"和"适应初中"通过一系列生动的案例，解读小学和初中在课堂、校园生活等方面的不同，引导新生在学习、心理、生活等各个方面进行相应改变，以适应新的校园生活。"校规班规我来定"则通过学生自己定规则，引导学生自我管理、自我约束，组规、班规、校规也因此而被学生最大限度地认可与执行。

"规划未来"课程板块通过观看电影故事、参加报告会和大家人物大家谈等活动，将"心怀感恩"、"做一个具有文明素养的我"和"做一个有精神追求的我"等课程内容生动、鲜活地展现出来。

入校"引桥课程"的最后环节是个人和班级风采展示。新生们用各种不同的形式，表达一周来的收获，或对今后三年的规划，或对未来人生的期盼。这样，学生消除了困惑与迷茫，对未来生活充满期待。

三、学前"引桥课程"

学前"引桥课程"是为学生学习初中各学科知识而搭建的引桥。学生接纳新知，需要找到旧有知识的"停靠点"，这样，新知与旧知才能相互作用，实现同化，新知才能被储存到知识结构中，否则学生就会感到学习困难。

学前"引桥课程"就是针对学生知识结构的"停靠点"设置的。我们要求各学科组梳理出学生在小学阶段应该掌握的本学科的基本知识，并进行知识检测，以此发现学生的知识缺陷，然后针对缺陷设置相应的"引桥课程"。以数学为例，经对小学"数的计算、解应用题、空间与图形"进行知识检测，我们发现，学生在小学学习中存在的问题将影响初中"数与代数、列方程解应用题、图形与坐标、图形与证明"的学习。为此，数学学科组进行了"十大专题"的针对性训练，为学生有效解决了这些前置缺陷，实现了知识衔接，帮助学生顺利进入初中数学的学习。

英语学科的学前引桥，不仅为学生解决了前置缺陷问题，还有效解决了男生学习英语难的问题。2007年，学校进行各学科知识点难度认同值的调研，结果发现，男生和女生对英语知识难度认同值的回答迥然不同，对所有的知识点，男生的难度认同值均大大高于女生。是什么原因造成男生学习英语困难？英语学科组通过头脑风暴、座谈、问卷等方式寻找原因，最后把"突破发音障碍"作为改变男生英语学习现状的切入点。基于此，英语学科建设了学前"引桥课程"。这样，男生读音准了，敢张嘴了，就开始有了学习英语的自信。期中、期末考试显示，随着男生成绩的提高，英语学科的整体成绩也有了很大程度的提升。我们通过再次调研发现，除个别知识点外，男生和女生的难度认同值趋于一致。

四、难点"引桥课程"

难点"引桥课程"是为解决学生的两极分化问题而设置的引桥。

初中阶段两极分化现象比较严重，究其原因，是有些学生在学习中的难点没有得到及时化解，日积月累，难点就成了无法跨越的学习障碍。2007 年，我们所做的学生对各学科知识的难度认同值的调研，帮我们找到了各学科需要突破的难点。

我们针对这些难点，针对"难点背后的原因"进行研究，从思维障碍和应用障碍两个角度进行分析。结果发现，不同层次的学生对同一知识点赋予不同难度值的，大都因为思维障碍；而不同层次的学生，都给予大致相当的难度认同值的，大都出自生活经验不足。为此，各学科从拓展学生思维、结合生活实际两个角度，为学生搭建难点引桥。

以化学学科为例，难度认同值最高的是"棉、羊毛和合成纤维的区分"，占 46.7％，无论男生还是女生，无论哪个层级的学生，都认为这是最难的。化学老师判断，这是由于学生生活经验不足造成的。于是，他们在"搭桥"时就注意紧扣学生的生活，如在学习化合物时引导学生区分生活中的有机物和无机物；引导学生判别自己或家人的衣服的成分；让学生跟父母一起买衣服，进行实地鉴别；带学生到纺织城现场观摩、细听讲解。教师搭建这样的引桥后，第二年，学生对这个内容的难度认同值下降了14.1%，第三年，又下降了5.6%。

因为思维障碍造成的学习难点，需要通过学科渗透、改变学生的思维方式等途径解决。"环境教育"、"安全教育"等山东省地方课程既与生活密切相连，又有很多物理、化学、生物等学科的知识，在学习物理、化学、生物等课程前开设，便成了学科渗透的最好载体，帮助我们搭起了学科知识的最佳引桥。

五、发展"引桥课程"

发展"引桥课程"是为初中生进入高中学习而搭设的引桥。2007年12月，我们走进高中学校回访我校的第一届毕业生。在关于"你在初中阶段最喜欢的学科"和"在高中阶段感到学习最轻松的学科"的调研中，出现了有些矛盾的结论：初中最喜欢的学科，化学排在第二位；而在高中阶段，学生普遍感到化学学习难，化学被排在了最喜欢学科的第六位。

一个学生在初中阶段喜欢学的学科，为何到了高中让学生感觉很难？这里边一定有原因。于是，化学教师找来高中教材进行研究，发现初中和高中在个别知识上存在衔接缺陷，且高中化学更综合、更抽象，学生存在适应问题。为此，化学老师确定了16个初高中知识衔接点，在化学教学实践中注重锻炼和培养孩子的综合能力、抽象理解问题的能力。比如，在学习第三单元"自然界的水"时，化学教师补充了"最轻的气体"和"用微粒的观点看物质"两个课程内容，前者是为高中学习搭建引桥，后者则是为解决"从宏观世界进入微观世界"跨度较大而建的难点引桥。这样的引桥，帮助学生提前解决了高中学习中的部分难点问题。2009年，我校对毕业生的回访调研发现，化学学科已经排在"在高中阶段感到学习最轻松的学科"的第二位了。

发展引桥多采用分散穿插、随时渗透的方式搭建；与难点引桥更多地关注学困生不同，发展引桥更多地关注优等生。

就学科学习而言，"引桥课程"是为学生后续知识的学习进行前置铺垫，使学生提前建立知识"停靠点"，或者是唤醒他们对前置知识的印象，为后续学习奠定基础；而就校园生活而言，"引桥课程"是在心理、方法、规则等方面给学生以帮助，使他们尽快适应校园生活，更好地发展自己。山东省潍坊市广文中学的"引桥课程"达到了这样的目的。五类"引桥课程"形式多种多样，作用各不相同，它们的存在，使孩子们在校的学习与生活越来越快乐，因为他们感到，学习不再是越来越难的事情。

（作者为山东省潍坊市广文中学校长）

我们这样做课题研究

施
国
柱

我校自 1998 年建校后，就开始走上了科研兴校之路，号召教师树立科研意识，做研究型教师。我们通过体现一贯性、系列化和规范化的课题研究，促进了教师的专业成长，提升了学校的办学品位。

一、坚持研究主题的一贯性

我们认为，教育教学必须唤醒学生的主体意识，让学生在体验中学习。于是，建校伊始，我们就选择了"'体验学习'实验研究"的课题进行探索，提出"让孩子在亲身体验中学习"，让学生形成在开放的情境中"主体实践，亲身体验"的学习方式。

教学方式的改进需要相应的课程作为支撑。在全面总结"体验学习"实验成果的基础上，2002 年初，我们又提出了新一轮研究课题——"创建'体验学习'校本课程的实践与研究"，旨在建构一种有助于学生投入生活实际、亲历实践过程的课程结构和教学体系，使学生顺应时代要求，转变学习方式。

课堂是落实教学理念的主阵地，"体验学习"教学方式的最终落脚点在课堂。于是，我们又开展了浙江省重点规划课题"新课程'体验型课堂'的构建与实践"的研究，提炼出"教是开放性的引导，学是探索性的体验，过程是互动性的发展"的课堂教学指导思想。为了进一步形成教学模式，使"体验型课堂"更具有操作性，我们现在正以"'学案导学'课堂生态模式的研究与实践"为题，进行更加深入和广泛的探索。

在"体验型课堂"研究步步深入的同时，我们还将"体验教育"的理念延伸到学校工作的其他方面，进行了"体验型德育"和"体验型教研"的探索，逐渐形成了完整的阳光体验教育体系。这样，一个课题结题以后不另起炉灶重搞一个，而是在原有研究成果的基础上进一步拓展，使研究的主题不断深入，成果日渐丰厚。

在当今这个教育改革浪潮此起彼伏、各种教育理念不断涌现的时代，要坚持研究主题的一贯性，并不是一件容易的事。2003年9月，慈溪市成为浙江省的新课程实验区，我校是实验学校之一。对于实验工作如何开展，大家众说纷纭，莫衷一是。通过对课程标准以及相关辅导材料的深入解读，我们认识到，新课程教学的实质是引导学生参与教学全过程，使学生在参与中体验，在体验中发展，与我们原有的"体验学习"的内涵与其精神实质是完全吻合的。一种新的课程理念只有实现了校本化，才能真正为师生所接受，成为他们的思维方式和行为准则。"体验学习"是已被我校师生接受、适应了的一种有效的教学方式，新课程实验工作应该建立在这一原有教学改革的基础上。于是，我们发出了"让'体验学习'走进新课程"的号召，以新课程理念为指导，使"体验学习"的教学方法在课程实验中得以运用与发展，走上了一条"新课程校本化"的道路。这一做法在浙江省新课程实验阶段性工作会议上交流后，得到与会领导和专家的较高评价。

我们体会，坚持以校为本，有选择地吸收层出不穷的教育理念，让新理念本土化、校本化，才能保证办学方向，推进教学改革，积累办学成果。

二、强调研究内容的系列化

中小学教师的理论功底不够深厚，日常工作量又比较大，要在保质保量完成教学任务的基础上做科研，实在不是一件容易的事。但俗话说得好："三个臭皮匠，赛过诸葛亮。"我们可以将全校教师的研究重心聚合在一起，心往一处想，劲往一处使，举全校之力，做好一件事情。我们要求教师人人参与课题研究，但不搞单兵作战，而是自上而下，形成宝塔形的研究体系。学校确立总课题后，各教研组根据总课题设立分课题，全体教师或独立或合作选择研究内容，建立相应的子课题组。这种课题研究方式使全校教师的科研行为在同一个主题的指导下展开，尽管着眼点各有不同，但目标是相同的，理念是相通的。这有利于平时的相互探讨、交流，以及研究过程中的取长补短。教师个人的研究成果或大或小，但凝聚在一起，就成为学校的大成果了。反过来说，学校的成果，也反映了教师个人研究的阶段性成绩。

系列化的课题研究方式要体现在教育科研的各个层面，如在结合日常教学构建课堂模式方面，更要注意系列化。在日常研究中，我们采用"一式多课"和"一课多试"相结合的方式，对教学模式进行改进和完善。"一式多课"是指全体教师按照教研组初定的教学模式组织日常教学，并撰写教学体会，对现行的教学模式提出改进意见；"一课多试"是指选择适合现有模式的内容，推荐教研组内一名或多名教师多次试教，在这一课例越来越精致的同时，原有的教学模式也得到了完善和提升。然后，我们将经过改进的教学模式由教师进行"一式多课"的再尝试，如此循环往复，持续推进。这一模式在四至九年级全面推开后，有效地唤醒了学生的自主学习意识，提高了他们的学习能力。

从日常教学中寻找研究问题，研究成果又被用来有效地指导日常教学，使课题研究与教学实践紧密结合，这是学校教科研工作取得实效的根本途径。

三、注重研究过程的规范化

课题研究最忌虎头蛇尾。为了防止研究工作流于形式，我们通过开设"教师论坛"和开展"课题研究五个'一'"活动，规范教师们的研究行为。

学校要求每位教师在学期初上报研究主题，教科室汇总后，在网上办公平台公示，并在两周一次的"教师论坛"业务学习时间里抽取 2～4 名教师，让他们阐述对研究主题的理解以及做好研究的设想。教师要形成主题，就要对原有的研究进行反思和提炼；要阐述主题，就需要深入学习相关的学术文章，形成基本成熟的材料。这样就能促使教师加强学习和研究，保证研究方向不偏移。

"课题研究五个'一'"是指：确立一项课题，学一本能够为课题研究提供指导的教育论著并写出心得，拟写一则体现课题思想的教学案例，上一堂能够体现阶段性成果的展示课，写一篇结合课题实验的体会文章。我们要求每位教师在每学期的"课题研究五个'一'"活动中展示实验成果，反映实验进程。我们拟定了阶段性的考核指标，定期或不定期地进行督察。子课题结题时，学校组织力量评选"课题研究成果奖"，将研究成效与教师工作质量考核直接挂钩。这样一来，积极参与课题研究者乐此不疲，被动应付者也得完成任务，课题研究逐渐成为广大教师的自觉行为。

教育科研是一项艰苦的创造性劳动，需要柔性的引导和刚性的督促。只有如此，我们才能让广大教师在学校营造的浓郁的科研氛围中自觉、有效地开展课题研究。

（作者为浙江省慈溪阳光实验学校校长）

我的"自主作业"实验

陈钱林

我曾在农村中学任教 6 年，在浙江省瑞安市教育局工作 10 年，2001 年出任瑞安安阳实验小学校长。多年的教育生涯让我深刻了解到学生的差异性，感受到学生被动学习的困境。这种困境产生的根源在于教师教学共性与学生学习个性的矛盾。2000 年 9 月，我因双胞胎子女读小学而在家庭教育中开始让子女进行自主作业实验。结果，我儿子未满 14 岁就被中国科技大学少年班录取，女儿 16 岁即被南方科技大学首届教改实验班录取。2007 年，我将家庭教育中的自主作业经验移植到瑞安市安阳实验小学，开始在学校推行自主作业实验，取得了良好的效果。

一、引导子女尝试自主作业

儿子：上午在校上课，下午回家自学，跳级考入中科大少年班

我的两个孩子在幼儿时期的习惯和能力发展都不错，儿子数学能力相对超前，女儿则兴趣广泛。两个孩子 6 周岁读小学，成绩优秀。以我曾经做过初中教师的经验，我觉得小学考 100 分与 90 分对中学的学习没有本质影响，如果让孩子少做老师布置的作业，放手让他们自主学习，那么孩子在分数上也许会损失一些，但能拓展知识面和培养能力。不久，在我与老师沟通后，开始让儿子尝试自主学习第一册。期末，儿子学习状况良好。为了深入实践"自主"理念，我决定让儿子跳级。当时瑞安的小学正由五年制向六年制转制，儿子从六年制第二册跳级到五

年制第四册。因跳级而"跳过去"的语文和数学课程的知识点，不久他就基本掌握了，期末分数已达90分。于是，我大胆让儿子第二次跳级，从第五册跳到第七册。刚开始跳过去时，儿子成绩中下，但我觉得，如果这样做有助于培养孩子的学习能力，那么少学几本教材是无所谓的；而学习能力，只有通过自主学习才可以更好地获得，跳级能促使孩子更好地自主学习。一年后，儿子的学习成绩达到了90分的水平。

我儿子真正意义上的自主作业开始于小学毕业班。在此之前，他只有自主学习而没有做作业。因中学升学对分数有要求，我不放心，所以就让儿子有选择性地做些作业。他做自主作业的方式是这样的：先分析老师布置的作业，如果感觉一些题目有挑战性就做，如果觉得难度一般就不做，以省下时间做其他作业，包括相关学科的拓展学习，也包括超前学习初中教材。为什么要做学校的作业？我觉得，以后中考、高考不好随便突破，而各门学科知识体系相对完善，如果没有老师引领，那么他将来参加考试就会吃亏。为什么要自主？我坚信，自主不仅是发展学习能力的需要，更是对规划能力、时间管理能力、综合实践能力等的综合锻炼。小学毕业班的一年，是儿子自主作业方式的成型期。

这种自主作业方式使儿子在中学大受裨益。中学作业明显比小学要多，但他却省了很多不适合自己的作业，从而赢得了更多的学习时间，学习反而显得相对轻松，而拓展学习与超前学习更使他学有余力。初中阶段，儿子的成绩基本上属于优等偏下。我当时觉得如果他考不上重点中学就读普通中学也可以，凭他的自学能力我判断，他在高中会成为尖子生。因儿子年龄小，所以我就和老师商量，让他上午上学，下午在家自学。读初三时，儿子因有自由学习的时间，就自己读了一批奥数书，结果竟意外获得全国数学竞赛浙江赛区一等奖，提前被重点中学特招。在高中，儿子的学习能力已相对超前，果然逐步显示出优势来。高二时他提前参加高考，以高出重点线84分的成绩被中国科技大学少年班录取。

女儿：在校上学一周，在家自学一周，问鼎南科大首届教改实验班

与儿子不同，我的女儿是按部就班地读了六年小学，以优秀的成绩毕业。面临中学的学习负担，我与她商量尝试自主作业。第一学期，她因突然脱离老师的主导而有点不适应，成绩排名下降。后来，随着自学能力的提升，成绩慢慢上升到班级前列。儿子读高中时，女儿在读初中。儿子考上少年班后，女儿以优异的成绩提前进入重点中学就读。到高中后，女儿自主学习能力迅速提升。对老师布置的作业，她只选择有难度的题目做，其他题目不做，省下的时间自学与教材配套的材料。高二时，为了增加自主学习时间，她开始在学校学一个星期，在家自学一个星期。为什么在家自学？因为超前学习与拓展学习的确能提高学习效率。为什么还要去学校？因为我们不能放弃教师的主导作用。她在家超前学习时，整理好一批问题；在校时，关注教师安排的进度，以检验自学是否偏离方向，并向老师提问。因去学校间隔时间较长，女儿就放弃了老师布置的作业，但她自学教材分析，学习进度比老师教的进度稍微超前；她也参加学校的月考，作为调整自主学习的参照。高三时，女儿成绩开始拔尖。2010年底，女儿参加南方科技大学自主招生的文化课考试取得好成绩，2011年春顺利通过面试，成为南方科技大学首届教改实验班学生。

两个孩子因选择自主作业，可以不参加早、晚自修，没有太多的作业负担，即使高中阶段也基本上晚九点前就睡觉，使他们拥有了轻松、快乐的童年。同时，在自主中发展了学习能力。我相信，在以后的学习和生活中，他们会拥有独特的优势。孩子之所以能顺利尝试自主作业，离不开我们做家长的引导，也与孩子先后就读的学校的领导与老师的开放态度和高超的教学艺术有关。如果老师没有给予宏观指导，如果老师没有营造宽松的评价氛围，那么孩子会感受到"另类"学习方式的心理压力。当孩子们遇到成长中的波折时，我们总是执着地引导孩子坚持自主学习的信念。

二、在学校尝试自主作业改革

1. 鼓励学生自主作业，七八位学生跳级学习成功

我出任瑞安安阳实验小学校长后，践行以尊重人性为核心价值观的"尊重教育"，先后在学生评价、校本课程开发、校园文化建设等方面取得了一定的成果。同时，我一直希望在学习层面有所突破。我校一些教师在套餐作业、分层作业、减免作业等方面有所探索，但这些做法仅仅是增加了学生学习内容的选择性，其本质还是强调教师主导，忽视学生主体作用的问题没有得到根本解决。这期间，有一些学生家长希望学习我的家庭教育经验，我鼓励他们让孩子尝试自主作业，先后有七八位学生学习我儿子的跳级学习方式，总体发展良好。这让我对教材的整合和自主作业有了更大的信心。

2. 学生可自主选择一个月不做老师布置的作业

2007 年，我着手推行原创性的"3＋1"教学模式，其中"3"是从教的层面强调"生本"、"生活"、"生成"，"1"是从学的层面强调自主学习。自主学习设计了课程整合、学制跳级、课堂自主和自主作业四种形式。

自主作业的主要形式是：对于语文、数学、英语、科学四个学科，学生从三年级开始，经家长同意，可选择一个或多个学科，一个月不做老师布置的作业，省下时间做自己设计的作业。我们印制了自主作业申请单（其中包括自主作业方案），学生自己填写，经家长签字后，交任课教师，即可参加自主作业实验。学生的自主作业方案，有超前学习，如超前学习下个单元、下学期的内容等；有拓展学习，如语文学科有阅读名著、演讲、看报纸等，数学学科有学奥数、思维训练等，科学学科有阅读科普材料、浏览科普网站等，英语学科有口语训练等。

自主作业以一个月为单位时间，到期学生可继续选择自主作业，也可放弃。所有学生都可以动态选择参加自主作业实验。我们规定三年级以上相关学科教师必须参加实验，但对具体参加的学生数量不作硬性要求，有的班级仅一人参加，有的班级有半数学生参加。

3. 自主作业的设计要遵循学生学习的规律

笔者认为，当前教育中存在的普遍现象是，教育者"主导"较多甚至过多，导致孩子"主体"缺失，能力发展缓慢。这又进一步使"主导"得以强化，形成恶性循环。我们从自主作业入手，改进学生学习方式，走的是中间路线，更加关注"主体"，也没有放弃"主导"，教育者相对好接受，也符合孩子学习总是从偏向"主导"发展到偏向"主体"的学习规律。

国内许多作业改革总体上还是强调教师"主导"，如我校教师以往探索的作业套餐、作业分层、作业减免等，学生仍是在教师设计的作业框架内作一些选择。而自主作业，则是适当淡化教师"主导"，尽管学生设计的自主作业方案必须由教师宏观引导，但教师必须尊重学生的自我设计。

自主设计作业的过程本身就是自我规划的过程，是学生摸索适合自己的学习方法的实践过程。学生的方案也许很稚嫩，也许漏洞百出，也许效率不高，但其间所蕴含的"自主"的价值是不可估量的。另外，国内许多作业改革放不开对知识点的关注，而我校的自主作业，着眼点是对学生学习能力的关注，让学生自由设计学习方式，其规划过程、对学习方式的探索比对知识点的学习更重要。

4. 自主作业实施中的几个关键问题

自主作业为什么要以一个月为周期？这是因为如果周期过长，学生自主设计的难度就加大，周期过短则教师宏观指导的工作量会大大增加。一般学科一个月左右都会有一次质量检测，检测数据可作为下一个学习周期是否让学生选择自主作业的依据。在县城学校，家长对分数的重视是不可忽视的，这样可让家长和教师心里更踏实。学校为什么要让家长签字？因为教学方式的变革是有风险的，同时自主作业的实施需要以学生良好的学习习惯为基础，家长的思想没有到位就很难接受这种方式。学校为什么不规定参加实验学生的人数？因为不是所有的学生都有自主的能力，也不是所有的家长都有让孩子参与实验的意识与胆量。

在实施过程中，我们吸纳教师的智慧，不断完善自主作业的实施方式。如高年段语文组将自主作业分为三种形式："全自主"，学生完全放弃教师布置的作业；"半自主"，学生选择教师布置的部分作业，增加自主设计的一些作业；"待自主"，做教师布置的全部作业，抽空进行一些自主阅读。低年段老师将自主作业概念进行拓展，从学习习惯培养入手，凡不需要家长盯着就能独立完成作业的学生，老师就认为他们达到了自主作业的要求，对他们给予表扬。这些都是很好的方法，使我校自主作业的形式不断丰富，也不断贴近学生的实际。

三、理性审视自主作业教育实验

近四年来，我校从部分教师积极参与到大部分教师积极参与，从家长半信半疑参与到积极参与，从学生不敢脱离教师"主导"到部分学生大胆体现"主体"，自主作业正受到越来越多的教师、家长和学生的欢迎。陆续参加实验的学生已占我校学生总数的10％左右，也出现了一些典型案例。率先参与实验的那几位跳级学生，到中学后在学业上既轻松又显示出分数的优势；积极参与实验的一批学生的学习能力获得提高，创新意识与规划意识得以激发，许多学生增强了自信心和学习的幸福感。当然也有不适应者，但通过评估之后他们马上回归常态的学习方式，也没有给学习带来不利影响。2011年春，有关媒体报道了我一双儿女因自主学习被中科大、南科大分别录取的经验后，自主作业激发了越来越多的家长的兴趣。在这个过程中，我自身也在不断反思、审视自主作业教育实验。

自主作业是自主学习的基本形式和初级阶段。自主学习是幸福的学习，也是有效学习的最高形式。自主学习能力不会自然获得，需要特殊的途径与锻炼机会。做作业能巩固知识点，但只有知其所以然的学习才能获得能力。孩子学习跟幼儿学走路是一样的，得"扶"，但目的是"放"。孩子走路的能力人们一眼就能看出来，所以大人会及时放手；而学习能力相对隐蔽，教育者常"扶"得过多。大人先要培养孩子自理生活、独立作业的习惯，当孩子养成良好的学习习惯后，就应及时实施自主作业。不同孩子的进程是不一样的，同一孩子的发展也会出现波动，"扶"与"放"体现了教育艺术。就我校的经验看，如果有适当的自主作业的引导，有一些学生小学高年级段就可获得自主学习的能力，大部分孩子在中学阶段可获得自主学习的能力。

1. 自主作业适用于基础教育所有阶段的部分学生

小学低年级段是培养学生良好习惯的重要阶段，自主作业可在小学中年级段开始。从我校的经验看，中年级段学生从半自主开始比较恰当，而高年级段有能力的学生则可以完全自主。从我家庭教育的实验看，中学阶段是孩子学习能力的快速形成期，实施自主作业更加可行也更有意义。当前中学阶段学生学业负担相对较重，实际上不是所有的负担都是必需的，教师教学的共性也不可能符合所有学生学习的个性，如果尝试自主作业，则可较大幅度地减少低效作业、无效作业。但是，不是所有学生都适合自主作业，如果以一种方式统一要求学生，这是违反因材施教原则的，让不同能力的学生选择不同的学习方式，才是教学变革的真理。

2. 自主作业需要家长建立辩证的得失观

我国教育以学科为中心，教育者总是特别看重知识点。但是学习知识的目的是为了发展能力，如果只"盯着"知识点，那么不仅难以发展学习能力，而且也不一定能巩固知识点。知识如水，人渴了需要喝水，喝的水成为生命的组成部分，我们不必太在乎水，更应关注生命。传统的作业方式，孩子"得"的是知识点，但因为被动学习，"失"的是主动性、创造性。学生刚开始做自主作业时，短期内分数也许会下降，因为考试内容总是与教师布置的那部分作业相关。但在"失"分的背后，"得"的是自主学习的机会及自主过程中加快形成的学习能力。当然，如果有孩子自主作业后成绩下降过大，也要及时调整。但从长远看，自主作业因能更好地发展孩子的能力，所以必定也会提高他们考试的分数。

3. 自主作业是基于社会价值观的柔性教学变革

长期以来，我国教师"主导"的意识特别强，好像学生不听教师的讲解、不做教师布置的作业就不可能学好。而许多家长要么什么都顺其自然，放弃了教育的责任；要么牢牢盯着孩子，每一个细节都为孩子设计好。当前学生学业负担过重，与社会价值观有较大的关联。国内一些学校的教学改革因与社会价值观不符，所以总是受到教师、家长的抵制。自主作业变革相对中庸，符合提高分数、提高考试能力的社会价值观；而且变革的力度由家长选择，以一个月为单位时间也减少了变革的风险。随着以人为本理念的深入人心，社会呼唤既能减负又能不降低学生学业质量的教学变革，自主作业实验正当其时。依愚见，自主作业的推行，也许会对社会价值观产生影响，也许最终会推动基础教育变革。

4. 自主作业是拔尖创新人才培养的基础

"钱学森之问"深深刺痛了国人，基础教育学校应该有所作为。凡教师大都认同，每个年龄段总有一批有特别天赋的孩子，但后来总是"泯然众人矣"，这是为什么？其中教学方式单一难辞其咎。自主学习能力是成大才的基础，失之，即使考上名校也不见得有出息；得之，没有考上名校也可能终成大器。如果我们在基础教育阶段对学生的自主学习给予充分关注，让学生普遍获得自主学习能力，那么，在此基础上，一大批拔尖创新人才的产生就会水到渠成。

（作者原为浙江省温州市安阳实验小学校长，现为温州市建设小学校长）

"零作业批改" 的实践与思考

李涛

一直以来，在作业批改的方式上，人们习惯于"全批全改"，认为只有这样才能督促学生完成学习任务，确保教学质量；教育管理者也把教师批改作业是否认真作为评价教师工作的重要标准。于是便出现了这样一种现象：学生疲于奔命地完成教师布置的作业，教师则疲于奔命地批改学生完成的作业。

这种作业批改的方式固然有其存在的合理性，但在实际教学工作中却有着明显的弊端。一是耗时、费力。"全批全改"学生作业往往要占用教师一大半有效的工作时间。二是收效甚微。笔者曾做过一个调查，有38%的学生对教师批改完的作业连看都不看；20%的学生只看分数，至于为什么"错"则不去深究；还有18%的学生称对教师的批改印象不深刻，事后就忘了。显然，作业批改的效果并不像人们想象得那么明显。三是造成了学生学习的依赖性。学生处于一种被动学习的状态，做作业似乎只是为了完成教师交给的任务。长此以往，学生难以养成自主学习的习惯。

既然如此，我们还有必要让教师"全批全改"吗？若教师不批改作业，留下的"教学真空"该如何填补呢？我校在华东师范大学熊川武教授的指导下，进行了为期三年的"零作业批改"的教学改革实验。实践证明，"零作业批改"是可行的，也是有效的。

一、"零作业批改"的实施步骤

"零作业批改"并不是不批改作业，而是指教师把作业的批阅权归还给学生，让学生通过自批或者互批，完成对作业的批阅。在具体的操作过程

中，我们采取了以下 5 个步骤。

1. 简单培训

由于学生已经习惯了教师的"全批全改"，所以如果一开始就放手让学生自批或互批，那么学生往往会茫然无措。于是，我们先对学生进行简单的培训。培训分两个方面：一是心理培训，即通过讲明自批或者互批作业的好处，让学生从心理上接受这种做法；二是技术培训，即让学生了解批阅作业使用的标志与符号，作出统一要求。简单培训之后，我们便组织尝试性批阅，从中发现容易出现的问题，以便及时解决。

2. 互批或自批

教师"零作业批改"的替代形式是学生的互批或自批。上课伊始，简短的组织教学之后，教师出示上次所布置书面作业的参考答案。学生根据教师提供的答案，或同桌互批，或小组讨论，反思上次作业中的问题，以求释疑解惑。课堂教学中的随堂练习，有时也可以采取学生自批的方式解决。自批之后，教师再进行个别答疑。

3. 标记"问题"

经过互批后的作业当即返给学生本人，学生在作业本上对做错的题进行标记并订正，然后将错题记录在"问题记录本"上。"问题记录本"不仅记录题目所在页码和题号，还要注明问题解决的时间和效果，以敦促学生"自我跟踪"。

4. 教师抽查

学生批阅之后的作业本在课后交给教师，教师进行作业抽查。为方便使用，教师也可让学生准备两个作业本交替使用。由于作业是经学生互批过的，所以教师不必"全批全改"或"精批细改"，只需看学生作业中的错题，并对错题进行记录整理，以便了解学情。

5. 双重跟踪

双重跟踪即学生自己跟踪与教师跟踪。前者要求学生定期翻阅"问题记录本"，思考并纠正错题；后者是指教师借助"学生问题档案"和"教师抽测记录"，定期对跟踪对象进行指导。同时，教师还要根据学生作业中出现的问题，定期或不定期出一套"问题跟踪卷"，让学生始终不放弃作业中的问题，在解决问题的过程中不断进步。

二、实施"零作业批改"的思考

1. "零作业批改"不等于不管不问

教师不要认为实施"零作业批改"后，自己就可以放手不管了。由于初中学生的学习自觉性与自制力尚较差，所以采取"零作业批改"后，教师还要定期对学生进行个别指导，不仅要在学习内容上给予点拨，还要在学习态度与学习兴趣上加以引导。作业互批前，教师最好能检查一下学生的作业完成情况。互批后，教师也必须及时翻看学生的做题情况和批阅情况，以便发现问题，及时纠正。

2. 作业互批最好在课内进行

作业互批可以在课内完成，也可放在课外进行。但从我校的实践情况看，我们认为作业互批在课内完成效果要更好一些。因为课外没有教师的现场指导，作业批阅的效果难以保证。另外，由于课外缺少固定的作业互批时间，所以这项工作往往容易落空，进而影响学生的学习效果。

3. "零作业批改"是一个系统工程

我们不能将"零作业批改"简单地理解为不批作业，"零作业批改"有一整套实施策略。如果没有前期的培训，没做好准备工作就仓促上马，会使作业互批陷入混乱，教师很难调控。如果只是满足于批阅形式的完成，而没有后续的"问题跟踪"，那么教师的教与学生的学都将因失去目标而无所适从。如果不控制作业量，课内的作业互批就要占用大量的时间，新课的教学质量就难以保证。所以，实施"零作业批改"，要以"最小作业量"

为前提，以"问题跟踪"为抓手，辅之以定期的个别辅导。

4. "零作业批改"应与学生互助合作相结合

作业批改的目的是让学生了解自己作业中的问题，以便及时释疑解惑。传统的批阅方式更强调的是结果的"对"与"错"，而对为什么如此则很难顾及。"零作业批改"倡导作业互批，学生可以针对作业中的具体问题展开讨论，从而化解自己遇到的困惑。这种互助合作形式能够充分发挥"小先生"的作用，所以更有针对性。因此，教师在实施"零作业批改"时，若将其与学生的互助讨论相结合，效果会更好。

（作者为山东省青岛市崂山区第三中学校长）

作业诊断系统：
凸显对学生作业的个性化研究

陈立华

对于教学管理者而言，对学生作业的研究与检验，其实是对教师课堂教学质量的研究与检验，通过这样的研究与检验，学校可以有针对性地调整教学管理的方法和策略。对于教师而言，检验、分析学生作业的过程，既是对自己的教学效果进行反思的过程，也是研究学生、实现对学生的个性化关注的过程。这样的作业研究很有价值。为此，我校在数字化校园建设中，自主开发了"作业诊断系统"（该系统已获得国家专利）。

这个系统中最为突出的是在线作业功能。目前，我校所有学生的所有作业都进入此系统的管理之中。只要是标准化试题，系统即可马上提供详细的作业反馈结果，教师可据此设计有针对性的在线练习。对于非标准化试题，系统为教师提供便捷的输入方式，只要将答题结果录入系统，任课教师即可很方便地进行相关的统计。

通过"作业诊断系统"，每个学生都可以获得一个个性化的错题本，以进行有针对性的复习和练习；任课教师可以很方便地统计学生上交作业的情况和错题率、作业质量，并根据作业情况编写作业日志；学校管理者可以获得各个任课教师的作业批改情况以及学生交作业的情况，强化"教、研、学、练"中"练"的环节；家长也可以使用本系统，查询孩子的作业情况。

一、"作业诊断系统"的构成

我校自主开发的"作业诊断系统"由以下几部分构成。

一是布置作业。任课教师使用本系统，按班级为学生布置作业。

二是批改作业。任课教师在系统内对学生提交的作业进行批改，对学生做错的作业进行复批。为了方便教师批改作业，系统可通过扫描器扫描作业本上的条形码，定位学生进行批改。同时，任课教师可以根据批改情况，填写本次作业整个班级的作业情况日志和单个学生的作业日志。

三是作业的统计和分析。使用本系统，教师可查看未交作业学生情况、未修改作业情况，对班级作业进行分析，对单次作业进行逐题分析；管理者可查询和统计教师作业批改情况；家长可查询孩子作业完成情况。

四是错题整理与分析，分别形成个体、班级、年级错题本。将学生在作业中做错的试题集中在一起，可方便学生有针对性地强化练习，对教师把握教学重点也有一定的参考意义。系统根据学生的作业完成情况，生成学生个体错题本、班级错题本、年级错题本。教师通过查看班级错题本或年级错题本，可以准确地找出与错题对应的知识点，设计有针对性的加强性练习。

二、作业诊断数据的应用与价值

1. 准确诊断学生个体问题，真正实现个性化辅导

以往学校与教师在对学生进行个性化辅导方面做了很多努力，但往往是在辅导时把学生当天的错题讲一讲，再出几个相关的题目练一练。由于对学生个体缺乏深层次的了解，如了解他的知识结构是否完整等，所以辅导的效果并不明显。

"作业诊断系统"记录了每个学生学习每个知识点的数据，可以帮助教师准确诊断学生个体的问题，有针对性地制订出辅导方案，使个性化辅导成为教师想做就可以做到的事。

例如，某教师在对某学生进行辅导前，先查阅了这个学生本学期的所有错题，借助知识点分析，发现这个学生的错题集中在数位、计数单位和

进率等知识点上（系统统计，错题率达到40.7%）。为进一步了解学生错题的原因，教师先让学生填写数位顺序表，发现数位顺序并不存在问题，但数位和计数单位混淆。接着，教师请这个学生把积累的错题做了一些，发现这个学生看错题目的现象比较严重，学习习惯有待进一步培养。在对问题有了准确的定位后，教师对学生进行了针对性很强的辅导，并且安排了相应的练习，再针对强化练习中出现的问题作进一步的辅导。为了解辅导效果，我们对教师辅导后该学生这个知识点的错题率进行了统计，发现错题率下降到8.3%。

2. 以对作业的客观研究为基础，纠正教学偏差，实现科学教学与科学管理

以往由于没有客观教学数据的分析，所以我们常凭着自己的教学经验或一些常识，得出较为主观的结论，有时难免误判，出现偏差，对教学管理造成一定程度的干扰。"作业诊断系统"为我们实现科学教学提供了依据，通过数据统计与分析，我们可以较为客观地反思教学策略、纠正教学偏差，进而提升教师的专业能力和教学质量，提升学校教学管理的水平。

例如，我校数学组的金老师通过分析学生的平时作业数据、考试数据、课堂反馈数据，发现了一个有意思的现象：在学生的平时作业中，错题率排在第一位的题目涉及的知识点是分数基本数量关系，错题率高达47.9%，而在考试中，同一知识点的错题率仅为22.1%，从排位上看下降了很多。为什么会出现这个现象呢？是不是数据样本小而出现的偶然现象呢？金老师对数据的样本进行了统计，发现本学期关于分数基本数量关系的作业题共有69道，全年级大约完成20700道；在各次考试中，这个知识点的题目共有44道，全年级大约完成13000道。从数据的样本量来说，这个现象的产生并非偶然。之后，金老师又从系统中提取了学生初学时的课堂错题率。综观以上三类数据，教师发现，初学时的当堂反馈错题率最低，也就是当堂反馈错题率＜考试错题率＜平时作业错题率，这与我们惯常的想法（学生初学时理解不深，随着学习的深入，掌握得越来越好，即当堂反馈错题率＞平时作业错题率＞考试错题率）有很大的不同。

这个问题引发了数学组全体教师的关注，大家共同分析现象背后的原因，最终发现，产生这一现象的主要原因是学生对不同时段的练习持有不同的态度。学生对于课下作业的态度往往是完成就好，不像对待课堂练习和考试那样认真，但平时课下作业总是不认真对待，在考试的过程中想认真对待也变得并不容易了。针对这个问题，我们提出要关注学生做作业时的状态，关注学生的学习习惯，同时借助德育评价的力量，学校引导学生端正做作业的态度，认真对待平时练习中的每一道题。

（作者为北京市朝阳区实验小学校长）

第五堂课

创意管理

CHUANGYI GUANLI

我靠什么管理？

魏书生

教书也好，当班主任也好，当局长也好，我全靠老祖宗留下来的老办法。可以概括为"两大点"、"一小点"。"两大点"是一靠民主，二靠科学；"一小点"是"注意力体操"。

我属于那种不爱折腾的人，凡是觉得做对的事，不管别人怎么折腾，我都要把它坚持下来。来回颠覆式的穷折腾，容易把咱折腾蒙。以不动应动，以不变应万变，守住中华民族的优良传统，守住新中国成立以来千千万万老师积累的好经验，用心去做就会成功。比如追真、向善、求美，古往今来就这样，再过一万年也不落后。

搞教育的人永远都要回答三个问题：一是为什么教，二是教什么，三是怎样教。这些问题其实早就弄清楚了。为什么教？古往今来，一切脚踏实地的老师和教育家都认为，为人的进步发展和社会的进步发展而教。不要过多地强调社会而忽视人，反过来，也不要过多地强调人而忽视社会。教什么？教人自身发展以及社会发展所需要的知识、能力，教人立于天地之间、人格发展所需要的内容。古往今来一直如此。怎样教？师生互动、共同发挥积极性才能教好。守住中华民族的优良传统，守住新中国成立以来我们创造的好经验，往深去做。在这个基础上，再研究、再探索。

下面就具体说说我靠什么管理。

一、一小点

"一小点"其实很简单，就是"松"、"静"、"匀"、"乐"，即身体松，心灵静，呼吸匀，心情乐。"松"：让你身体250多块骨头、各种各样的细胞都处于一种极其轻松的状态去看书。"静"：守住心灵的宁静，想象你心灵深处有这样一汪湖水，站在湖水前，湖泊平静得不仅没有波澜，而且没有一丝涟漪，湖泊的边上长满了花草树木，花草树木的影子倒映在你心灵的湖泊里。我们生活在现代社会中，必须训练自己闹中求静、苦中求乐、忙中求闲、失中求得的能力。有了这种能力，有用的信息请进来，为我的生活、学习所用，没用的信息一边去。"匀"：呼吸要深、细、匀、长。人生实际就在一呼一吸之间。烦闷的时候，紧张的时候，焦虑的时候，我们可以做一做深呼吸。"乐"：以快乐的心态对待人生中的工作、学习、磨难、打击、诽谤、诅咒。所谓乐观主义者不是说这个人一帆风顺，而是说他面对人生的上下、进退、起伏、兴衰、荣辱、得失，特别是打击、磨难时，仍然能快乐起来。

二、两大点

1. 靠民主

（1）树立为学生服务的思想。为学生服务就要考虑学生的需要，考虑学生的能力和可接受程度。我刚到中学教书时，就研究我的学生需要什么。我的第一堂公开课就是用我所带的八班上的。我们要求学生从很低的起点上扎扎实实、一寸一寸地朝前挪，一步一个脚印地朝前走。教师要从学生的实际出发，俯下身子为学生服务，学生能做点儿啥就让他做点儿啥。

（2）一定要建立互助的师生关系。常有人问："魏老师，您工作靠什么啊？当着书记、校长、班主任，还教语文？"我就靠146位"副班主任"。我教了31年语文课，没请任何老师为我代过一节课；我当了22年班主任，没请任何老师为我当过一天副班主任。我心里有底，底就是所有的学生都是我的副班主任。班级学生的桌上放着座右铭，其中有三部分内容：一是最崇敬哪个好人；二是在这个班集体最接近谁，最不服气谁；三是针对自己的弱点写一句话。崇敬哪个人就要学习哪个人，每个学生的书桌上都放着伟人传记，可以经常看一看。我当局长时，也要求辽宁省盘锦市的学生都要学习好人传记、伟人传记。

班级管理工作中的每一件小事都由具体的学生承包。每一个人都是实干家，每一个人都为班集体做一件事。在这个事上你管我，在那个事上我管你，大家扯平了，都是管理者，又都是被管理者，这是最佳状态。人的责任心不是说出来、喊出来、吹出来、写决心书写出来的，而是在为集体尽责任的实践中一点一滴累积起来的。培养学生的责任感，就要给他力所能及的事情让他负责，日久天长，想让他没有责任感都不行。管理就是教会所有的人都会办事，做自己力所能及的事。

（3）发展学生人性中美好的一面，发展学生的个性特长。作为老师，我们要坚信所有的学生，包括所有淘气的学生都有向真、向善、向美的一面。

"魏老师，您怎么改造后进生？"——学生入学第一天，请每个人给自己找点儿优点、长处。有位学生说："老师，我没优点。"长期挨批评，他已经忘记自己有优点了。"哪有没有优点的人？回去找！"第三天，"找没找到？""一点儿。我心眼儿好。"我又给他说了几条优点，找得他很不好意思。"老师，我没那么好，我真没那么好！"小伙子脸通红，额头冒汗，失去抵抗力了。当您看到学生优点的时候，特别是后进生的长处的时候，您怎么教育怎么是。所以千千万万要注意发现学生人性中美好的一面。

每个人发现自己的目标，找到自己的特点，保持自己的个性，这么学起来，不进行盲目的攀比，人才能脚踏实地。人就怕大事做不来，小事不肯做；元帅做不成，不愿当士兵；上边不着天，下边不着地；高不能成，低不肯就。于是，灵魂流浪，精神漂泊。思想没有家园，怎么能不浮躁？所以，我要求盘锦市的教师培养学生12个学习习惯，其中一个就是"大事做不来，小事赶快做"的习惯。其实，我们所有人都处在比上不足、比下有余的状态。那么，赶快找到自己的参照目标，高高兴兴奔向可能的学习目标，这样就会越学越高兴。

我当班主任的个性是，基本不管班，让学生按学号轮流当班长，分头承包各项事务，结果把学生的管理能力训练出来了。学生说："魏老师教语文课基本不讲课，结果把我们的自学能力训练出来了。"我喜欢在教室里办公，前面摆满了学生的课桌椅，最后一张学生课桌就是我的办公桌。我提倡，干像干的，闲像闲的，玩像玩的，别给它搅和起来，大家到点回家过正常的日子。我做管理工作，周六、周日从来没让大伙儿开过会。在教育局工作，一年就把各位正校长招来开6次会，于是就省去了许多中间环节。

（4）决策过程要民主，要多商量。"魏老师，你定了那么多规章制度，又经常不在家，学生能遵守吗？""哪是我定的？绝大部分规章制度都是学生要求定的，学生商量定的，建议定的。"我做事总喜欢跟大家一块儿商量，一旦商量惯了，想不商量学生都不干了。

教师评先进，什么工作量啊，出勤啊，改造后进生啊，听课啊，大家认为应该算的就算，大家认为应该取消的就都取消。大家做的事情全都在墙上贴着，四张大表，教务处、政教处、教改办和党支部分别管一些事情的考核和记载，教师做的事随时能上墙。快到期末时，老师就可以根据记载看自己能不能得先进。一年又一年，每个学期量化考核方案都要交给大家讨论，定出下学期的标准。哪条该取消，哪条该增加，哪条该修改，大家说了算。我离开学校的时候执行的是第18次的修改稿，现在是第20次了。总之，考核要为大家服务。事情交给大家去办，集中大家的智慧。民主有无穷无尽的力量，无穷无尽的好处。

提倡民主是不是班里的学生想怎么着就怎么着？那是开玩笑。世界上什么是最大的自由？最大的自由是遵纪守法。法纪在某种程度上体现了人类对规律的解释和认识。20多年来，我一直认为，所谓科学就是尊重规律、尊重制度，按照规律制定出制度、法规。我始终要求自己依法治语文教学，依法治班，依法治校，依法治盘锦教育。法规面前人人平等，制度之内人人自由，制度之上没有权威，制度之外没有民主。制度之外的民主是泛民主、假民主。民主必须以制度做保证。当然，制度也要不断更新、不断创新。

2. 靠科学

怎么使管理科学化呢？20多年来，我一直强调建立三个系统：一是计划系统；二是监督、检查系统；三是总结、反馈系统。三个系统互为条件，互为结果，互相促进，三个系统一起转，就进入了封闭管理的链条，就不会有大的闪失。语文教学如此，班级管理也如此；对集体的管理如此，对自身的管理也如此。计划，就是什么人做什么事情，时时有事做，事事有时做，人人有事做，事事有人做。监督、检查，就是订立规矩、制度后，说了算定了干，一不做二不休，不怕慢就怕站，绳锯木断，水滴石穿，一以贯之，落在实处。总结、反馈，是因为我们定的规矩、制度不是常有理，条件发生变化了，就要及时更新、删除、增加、修改。

（1）计划系统。计划系统分几类。按时间分，有一日常规、一周常规、学期常规、学年常规。我当局长后提了一些常规性的要求。比如，第一，盘锦市的学生每年在父母过生日的时候都要为父母亲手制作贺卡。一个孩子如果不爱自己的父母，说他爱祖国、爱人民就百分之百是骗人。第二，盘锦市的学生每天都要唱歌，唱好歌，唱军歌。没有歌声的学校太沉闷。唱歌是在享受人生。全身心地做这些事情是人生的一大享受。人生最苦的事是做事无心无意、三心二意。依我看，人做事有五种境界：一是无心无意的境界，二是三心二意的境界，三是半心半意的境界，四是一心一意的境界，五是忘我的境界。进入到一心一意、忘我的境界，做平凡的事情都能享受到做人的尊严和自豪。

还有，盘锦市的每个学生每天都要写一分钟的日记，多了更好，少了不行。盘锦市的学生每天都要挺胸、抬头、高摆臂，踏步一分钟。我当班主任、校长、局长都狠抓体育。每个学校每年都要重新编韵律操。高三学生每天还要坚持锻炼一小时。盘锦市的学生每天对自己做一次一分钟注意力比赛。珍爱生命，珍惜时间，谁都会说，但是，一分钟能做多少事情？全身心地将注意力集中一分钟、两分钟、三分钟，很多学生不会做，怎么办？只有天天强化这个训练。比如，打开教材第 37 页，看一分钟可以抄多少个字。多淘气的学生在做这个游戏时也能全身心地投入到学习中。

大伙儿一听，你当了局长，不谈盘锦地区教育发展的宏伟蓝图，不谈大、中、小、幼的布局调整，不谈教育发展与经济发展的深层次关系，也不谈教育十年发展的长远规划，就提几个"一分钟"的要求，这不是太简单了，停留在班主任的管理水平上吗？过了若干年，大家才感觉到，这是大事儿！什么是教育？用比较实在的话说，教育就是帮助人养成良好的习惯。习惯从行为来，习惯形成品质，品质决定命运。所以我们必须抓习惯、抓小事。

再说说学年常规。1997 年，大家一起商量制定了"盘锦市教育局工作计划 22 条"。只要我不走，这些就不变，不掀高潮，踏踏实实做。如此而已。我们规定，一年只请一把手校长、区县教育局局长开 6 次会。有些会（事）的时间、地点都定下来了。比如，每年的 1 月 15 日 8 点 30 分，我保证在 5 楼会议室讲当年 22 条朝哪个高度攀登。连续 9 年的 1 月 15 日都干这件事。每年正月初一，我都带着办公室主任给烧锅炉的职工拜年。每年正月初八，我领着局领导班子全体成员往教育局一楼大厅一站，迎接同志们上班。每年 3 月 1 日、9 月 1 日开学第一天，局长、副局长、科长、副科长全都下到自己承包的学校，走到课堂听课。每年 3 月 16 日，一把手校长到教育局 5 楼大会议室述职。述职的内容是讲三件事：一是办学成本，二是办学效益，三是经验和教训。每年 7 月 11 日，参加高级职称评定的同志们考试、答辩。每年 8 月 16 日，师范大学毕业生统一考试，合格者签聘任合同。每年 9 月 25 日，开中小学生运动会。每年 10 月 16 日，召开培养习惯现场会，至今已开过 10 次。这就是教育，咬定教育必须要做的事，往深里做。

（2）监督、检查系统。监督、检查有五道关口。第一道叫自检关，第二道叫互检关，第三道叫责任人检查关，第四道叫集体舆论关，第五道关口才是教师、班主任、校长出面抽查。

（3）总结、反馈系统。无论当校长还是当局长，我都不愿意给别人添麻烦，每年的计划、总结，都是自己一个字一个字写下来的。连续 9 年，我都写着：教育局机关的同志们，盘锦市的老师们，要用平平常常的心态、高高兴兴的情绪、快节奏高效率地多做平平凡凡、实实在在的事。我写的东西结尾处是句号，而不是感叹号。为什么？因为在我看来，人生在世，节，好过；年，好过；平常日子不好过。过个节日，演台大戏，喊阵口号，掀个高潮，很容易调动起人的激情。但是，节日过完了，大幕拉上了，口号消失了，高潮平息了，平凡的岗位还得一年一年地坚守，平常的日子还得一天一天地过，平淡的事情还得一件一件地做。最难的就是在平凡的岗位上，过平常的日子，做平淡的事情，仍然能高高兴兴、快快乐乐。那才叫大快乐、大自在！有人说，魏老师，你做的事儿好像有点儿不平常。我说你找找看，魏老师有没有一件事是不平常的？我无非是每天早晨吃完了饭，赶到学校，给学生上课，上完了课，"同学们再见"，"老师再见"。其实人生很简单，全身心地做，不就是享受人生吗？做完了一天的事，把日记本打开，写写今天做了什么工作，上了什么课。我从 1978 年 2 月 20 日开始一直记日记，现在已经记了 78 本。当了 9 年教育局局长兼党委书记，已经记满了 38 个日记本。在和平、安宁的环境里，任自己的思绪高高兴兴地在日记本上流淌，这不是享受人生吗？要我说，当你把这些极小的平凡的事情干得有滋有味、有声有色、从从容容、快快乐乐、如诗如画、如舞如歌的时候，你自然就在每天都尽到生存责任的同时，每时每刻都能享受到生存的快乐与幸福。

（作者为辽宁省盘锦市教育局原局长）

我们这样开会

陈
钱
林

　　我刚到浙江省瑞安市安阳实验小学任校长后不久，就发现学校会议中存在较大的问题。在经过认真调研和分析后，我对学校的会议生态进行了改进。

一、班子会

　　组织几次班子会后，我发现班子会中存在以下问题。

　　一是会议效率不高。主要表现在汇报人汇报内容不精，一些细节问题也汇报。例如，教务处汇报如何安排某位教师听随堂课，政教处汇报某学生表现不好的细节，等等。有的人一讲就是半小时，他讲话过程中其他人还随便插话。

　　二是一些科室对要提请会议决定的事情未做事先调研，没有解决预案，就把问题"端"到会议上让大家讨论。因为主管科室没有具体方案，所以大家只能"群策群力"；有时各方意见不统一，校长只好被迫拍板。如此一来，不仅浪费了大家的时间，还导致中层干部的自主性下降、管理能力退化，更有可能导致校长决策失误。

　　三是研究问题过细。大家习惯于将根本没必要提交会议研究的问题也提出来讨论。例如，有一次根据惯例，教师节要给大家发点实物，总务处提交会议讨论的问题居然是"买什么东西好"，结果有人说买大米，有人说买豆油，讨论了好久还定不下来。

　　班子是学校的火车头，班子会都开成这样，如何谋求学校的发展？分析个中原因，我认为，其一是缺乏应有的制度，所以干部们只有事事提交会议商量；其二是缺乏会议规则。因此，在完善制度的同时，我主持起草了《安阳实验小学班子议事规则》（以下简称《规则》），着手进行班子会改革。

（1）明确职责。每个学年初，学校根据班子成员的特点分配职责，以学校文件的形式发给各教研组，既可使教师明白各成员的具体职责，又便于教师对各成员的履职情况进行监督。对于一些综合性的涉及几位成员的事情，学校要求大家把这些事当做自己的事先做起来，最后由会议研究分清职责；确实找不到相应责任人的事，则由校办先处理，再在会议上分工。

（2）规范汇报程序。汇报人按三项内容进行汇报：一是上期工作汇报，点到为止；二是下期工作计划；三是需要协调或研究的问题。如果本科室工作与他人工作有可能发生冲突，就在会议上提出来协调、研究；如果没有，这个环节就省去。《规则》严格规定，主持人可以视会议内容决定汇报人汇报内容的详略；其他人在他人的汇报内容与自己分管的工作没有冲突的情况下，不能随便提出"纠正"意见，这也是提倡相互尊重的会议作风。

（3）会议不研究没有预案的问题。对于要在班子会上研究的问题，提出问题的科室事先必须有方案。如果只有一种方案，就要说明其设计理由；如果有多种方案，则要讲清各种方案的利弊得失。

（4）严肃会议纪律。因当时班子成员有在会上争论的习惯，不利于班子团结，所以《规则》规定，在会议上大家可以讨论，但严禁争论。对于会上可能涉及的某些敏感的事，《规则》规定，非指定人不得越权传达。我们要求班子成员汇报内容要全面，凡职责范围内的事，涉及全局的或他人比较关心的事，都必须在会议上汇报；同时，汇报要简洁，三言两语就要把事情讲清楚，细节不必讲。

《规则》实施后，班子会中的许多问题迎刃而解。随着学校规章制度的完善，凡制度已规定的事情，在会议上不再研究。这样一来，班子会越开越短，有时一次会议只要一小时左右就结束了，有时隔周开次班子会也可以。

二、教师周前例会

学校需要在周前例会上布置任务、传达上级精神、安排学习等。我从事教学工作多年，从教师的角度感受周前例会，最无奈的就是听领导读文件；最难忍受的就是听领导重复讲话，教导主任讲后，政教主任讲，总务主任讲，然后副校长强调，书记强调，校长再强调。

我决定从开短会入手，树立高效率的领导形象。我觉得，从心理学角度讲，开短会能让教师增加认同感；从管理学角度讲，教师的时间是宝贵的教育资源，开短会就是节约资源。

于是，我们对教师周前例会进行了改革。

会议原则上不超过一小时，会前由校长分配发言时间。会议前，凡需要发言者要向校长申请，由校长根据发言内容确定其发言时间。大家开始时不习惯，但习惯了之后都觉得很好。几年来，我们基本上都是在规定的时间按时开会，在规定时间内结束会议。

领导讲话要"备课"，禁止读文件等官僚行为。我们规定，上级文件只讲要点；一些与教师没有太大关系的文件，不必传达；有几个文件需要同时在会议上传达的，我们就择其重要精神精讲。对于政治学习类文章，我们只讲要点和精华；对于其他的好文章，我们会前发给教师复印件，会上作辅导讲话。这样做反而使教师的理解更深刻。

可讲可不讲的话不讲，可写可讲的话不讲。我们设计周行事历，正面以时间为序写清一周工作内容，背面写前一周的工作回顾和本周事务要求，会前发到每位教师手里。这样既可以防止出现各条线"打架"的现象，又便于部署工作。我特别强调："对 1 个人的通知在会议上讲，是对 99 个人时间的浪费和不尊重。"周行事历不仅使教师对每周活动一

目了然，而且成为校务公开的重要渠道。

中层干部只讲"怎样做"，校长重点讲"为什么"，除校长外其他人不能讲"强调"的话。中层讲"怎样做"，有利于树立其高效形象。校长如果也讲"怎样做"，就可能会损害中层干部的积极性；而结合学校全局和学校办学思想讲"为什么"，则可起到互补作用。

这样的改革实施一段时间后，会议时间大大缩短，有时半个小时就够了。教师开会时也特别认真，会议目标达成得很好。一年后，我们对会议规则进行了再完善。①设立不同的会议主题。学校规定，双周为教学暨教科研会议，由分管副校长主持；单周为教师学习暨德育会议，由校长主持。这样做，一是考虑到分主题后相关内容两周一次，会使会议主题更集中；二是关注到副校长的角色不可或缺。原来每次会议都由校长主持，中层干部讲任务，校长讲道理，副校长缺乏展示其思想的机会。学校专门安排一个时间由副校长主持会议，既给了副校长"面子"和"担子"，又提高了管理效能，还减轻了校长的会议压力。②会前设"教师论坛"。学校视情况在会前安排一两位教师作论坛演讲。学校规定，教师一要"讲自己"，不能讲他人的东西；二要"自己讲"，不能写好后"读"。教师身上蕴含着宝贵的经验财富，他们的经验，对身边的同事启发很大。③校长讲话更精练。原来，我喜欢对上周进行总结，对下周工作提些要求。后来，干脆以月为单位，对上月工作做总结，对下月工作提要求，节约下来的时间用于组织教师学习。我平时很喜欢看书，有时看了一些文章，结合校情有感想了，就作一次讲话，没有想法时一般不讲。这样一来，我几乎每次讲话都有一定的思想含量，教师们都喜欢听，也更有利于学校教育理念和核心价值观的形成。

三、期末总结会

期末总结非常重要。一个学期忙下来，大家需要共同反思以往的工作、分享成功的喜悦，也需要明确下一步的工作思路、确定前进的方向。

教学、德育、科研工作这三个方面的总结分别由教导主任、政教主任、教科室主任主讲。学校对他们的要求有三点。一要重数据，杜绝讲空话。讲话人事先要做好调查研究。二是以讲成绩为主，少讲问题。教师们辛苦了一个学期，都希望在期末听到好话、好消息。要让教师在假期有个好心情，要把问题留在下学期开学初讲，这样也更有利于教师改进。三是要点名表扬，而且原则上要表扬到每一位教师。讲话人事先要对照教师名单设计，不能随便漏了一个人。如果讲话人要表扬的教师太多，那么可以用"某某、某某等几人哪里表现好"的形式讲，要点出具体名字。一个学期过来了，不可能有哪位教师连一点可表扬之处都没有，如果某位教师没有被点到，那就说明领导者平时没有深入教师的生活。

几年来，我校教师总结会都开得很成功。一是突出中心。教学、德育是学校的中心工作，也是会议的重点。为什么安排科研总结？因为当前科研工作非常重要，而教师又相对不重视，所以要突出科研的分量。为什么不安排后勤领导也作详细总结？我觉得，教师总结会议重点讲前勤工作，有利于学校形成正气，后勤是为前勤服务的，不能喧宾夺主。二是精简议程。为什么不安排副校长总结？主要是为节约会议时间。副校长是校长的助手，由校长代表比较妥当。主任讲微观，校长讲宏观，恰到好处。三是尊重教师。学校发展需要每一位教师的努力，总结会议不能忘记每一位教师。只有尊重教师，学校才会和谐，教师才会更有积极性。

（作者原为浙江省温州市安阳实验小学校长，现为温州市建设小学校长）

文化·21 克

孙金鑫

在江苏省苏州市第十中学校园里流连，笔者只有一种感慨：这里的一切均不可复制——它作为昔日江南织造署旧址的文物价值无法复制，它与《红楼梦》《水浒传》两大古典名著的文化渊源无法复制，它哺育出的费孝通、何泽慧、杨绛、彭子冈等名人大家的教育成就无法复制，它触手可及的名师、名生的动人故事无法复制……在这里，历史携着文化的力量款款而来，让人的内心因文化的抚慰而畅快淋漓。

笔者在四川省金沙小学新建小区的配套学校参观时，学校开课刚刚两个月，建筑是新的，带给人的文化感觉也是新的。这里还没有来得及培养出任何知名学子，但学校为孩子们设计了一条"梦想大道"，计划让每个从这里毕业的孩子，都在这条大道上留下自己的名字。这里没有苏州十中让人感到温软、闲适的草坪，但他们拓宽了教学楼走廊的空间，设置了学生随处可坐的软椅，让学生一样可以享受阅读与休闲的乐趣……新学校所勃发出的新鲜的文化力量，一样让人心生留恋。

在 2007 年 11 月举行的第二届中国中学校长大会上，江苏省张家港市常青藤实验中学的校长秦力在介绍她如何进行学校文化建设之前说："作为一名只有七年历史的新生学校的校长，在这么多历史悠久的百年老校面前谈'文化'，我的确感到有点底气不足。"但同时，她也自豪地说："有丰厚历史的学校固然令人倾慕，但是缺乏文化祖荫的年轻学校同样可以白手起家去创造自己的文化，没有历史不等于没有文化！没有历史或许更可能甩脱因袭的重负，在白纸上自由大胆地创造自己的历史，涵养自己的文化。"我们且不去评论该校文化建设的成就如何，仅是这种直面现实、敢于创生的勇气，就足以让人钦佩。

在文化建设的具体路径上，百年老校有百年老校的优势，新建校有新建校的机遇，所有学校都可以不论出身，各显其能，各行其道，各美其美。但笔者以为，有关学校文化建设的某些前提性问题是我们要共同思考的。

首先，学校文化建设的根是什么？在当前社会文化大肆冲击校园的情况下，学校管理者对此必须有一个清醒的认识。北京师范大学褚宏启教授认为，现代校长要以四种精神引领学校发展，这四种精神是科学精神、民主精神、法治精神和民族精神。

其次，学校文化建设的终极指向是什么？有些学校进行文化建设的一个直接目的，是在向有关部门和领导汇报工作或进行相关评估时有可谈之资。但文化是发自人内心的力量。学校文化建设要来自学校发展的真实需求，要让全体教职工，包括校长、食堂的小时工、传达室的收发员，都有一种发展的需求。这样的文化建设才可能成为集体意识。在这方面，中国人民大学附属中学的教师发展理念，为我们提供了一个很好的例证。

再次，学校文化建设的重心在哪里？其一，本校的文化建设应与本校有关，要有本校的性格、本校的基因。其二，学校文化建设要虚实结合。文化建设不仅仅是理念的传播，更要落实到每一个教育细节中，尤其要落实到课程建设上。无形的文化依托于有形的课程，这是无数名校所以成为名校的"秘密"。

最后，学校文化应是开放的建设系统。北京四中将学校的百年辉煌总结为一句话："大气成就大器。"他们的大气，源于他们丰厚的文化资源、开阔的文化视野与宽广的文化胸怀。人是文化，物是文化，行动也是文化；校内有文化，校外更有文化。

曾经有人测量，当一个人死亡的一刹那，他的体重会瞬间减少21克。于是有人作出这样一个猜想，人的灵魂可能是21克。且不管这种断想是否合理，但无疑，正是这关键的21克，让人成为一个独特的生

命体。那么，一个组织的 21 克是什么？是它的文化！作为组织的领导者，无论我们是执掌百年老校还是领军新生学校，我们每天的思考与行动能给组织的这 21 克增损几多？这个问题值得我们三思。

（作者为中小学管理杂志社编辑部主任）

"空降校长"如何马到成功？

刘 赵
作
慧 银

A校号称全市排名第一，可校长的位置因种种原因一直空缺。让L校长没有想到的是，局党委任命他为A校校长。面对这喜出望外的好事，他却有些忐忑不安。A校在全市的位置可是举足轻重啊！该校藏龙卧虎，校长走马灯似的换了好几茬都没"玩转"，自己"空降"到了那个人生地不熟的地方，结果会怎样呢？局长似乎看出了他的心思，意味深长地说："你可以通过Z校长了解一下具体情况，他是一位退休的老校长，在管理方面很有见地和招数。"

L校长迫不及待地拜访了Z校长。Z校长首先向L校长表示祝贺，然后帮他分析了他的处境，并指点他做好两件事。Z校长的谈话内容如下。

作为一个"空降校长"进入到这样一所品牌学校，你想站稳脚跟，的确需要好好准备。说句实在话，你的到任肯定会打破原来的权力和利益平衡，许多双眼睛都盯着你，期盼者有之，观望者有之，看笑话者也有之。因此，作为"空降"的一把手，你该出手时要坚决出手，靠打几场漂亮的胜仗来赢得人心。但刚开始做事时，不要贪大贪多，只要先做好两件事就能稳住阵脚，然后再积小胜为大胜。

第一件：去影响具有影响力的人。所谓有影响力的人有两类。一类是副手。在你"空降"之前，正职空缺，副手作为该校最高职位者一直在代理行使正职的职权，在学校中拥有权威，他说话是蛮管用的。第二类是业务骨干。在学校中，业务能力最强的人往往是最让大家信服的人。如果抓住这两类人，说服他们跟随自己，其他的人就会纷纷仿效。如何影响这两类人呢？

　　影响副手，说起来简单，但做起来很微妙。副手在你没有来之前，以为正职的位子可能是他的，上级很可能将他扶正。但你来了，把他的想法破坏了，他可能一时很难接受。那怎么办呢？你可以将他请到一间雅致的茶吧。为什么不在办公室？因为在他看来，办公室是你的地盘。在办公室里，哪怕你说的是真心话，也可能被他误认为是你的权谋。而在茶吧，他感觉到自己和你一样都是客人，处于同一个层级，心理上自然不会那么敌对。而且请他来茶吧喝茶，他会感受到你的真诚。你可以告诉他，你来这里是上级的决定，他在这个学校中的地位是不可撼动的，你只是希望把自己的管理经验与他分享，等到一定时机，放手让他干。还可以半开玩笑地说："只有把你培养出来了，我才能升到更高的职位啊！"经过一番交流，他慢慢地了解到，你不仅可以帮助他提高管理能力，还可能把他视为知己，甚至有可能帮他提升职位。

　　业务骨干的"收服"，相对来说属于真刀真枪的"战斗"。因为业务骨干教学能力强，所以不会把夸夸其谈的上司放在心上。只有让他们看到你有更强的业务实力，他们才会服气。我刚到一所学校任职时曾遇到这样一件事情。一位市级青年骨干教师上了一节研讨课，评课时我提出了一些建议，可这位教师并不买账："很多事都是说着容易做着难，要不您也试试？"此语一出，很多教师都面面相觑。"这样吧，明天我也上一节同样的课，欢迎大家指导。"话音刚落，教师们情不自禁地鼓起掌来。第二天，我的公开课一结束，教室里就响起了热烈的掌声。"校长，您的课让我们大开眼界，让我们看到了什么才是真正的以学生为主体。""校长，您的课太精彩了，您真有魔力啊！"教师们七嘴八舌地议论着。"校长，您的课精彩极了，我真的服了！"前一天上课的教师边说还边给我来了个热情的拥抱。从此，我就成了这位教师心目中的偶像。

　　业务骨干敢于质疑权威，但也佩服有真才实学的人。在他们面前，校长要充分展示自己的工作能力和丰富经验，用真本领"镇"住他们，而不是靠行政命令来"压"他们。一旦被你的能力所征服，他们就会心甘情愿地配合你的工作。

第二件事：记住教师的名字。有人问一位心理学家："世界上最美妙的声音是什么？"心理学家的回答是："听到自己的名字从别人的口中说出来！""空降校长"可以通过记住教师的名字拉近与教师的距离。当初我到新单位做的第一件事，就是用一上午的时间把有教师近期照片的档案从头到尾看了很多遍，把绝大多数人的姓名、体貌特征等都记了下来。中午吃饭时，在不经意间，我叫出了他们每一个人的名字，并和他们一起品评饭菜，相互沟通。下午就有一位教师来到办公室对我说："校长，本来我已经决定调离这个学校了，但是您来了，我感觉我有必要继续留下来。"我问为什么，他说："我感觉您特别专业。您能够在这么短的时间内叫出我们每个人的名字，我们内心很震撼啊。直觉告诉我，您一定能带领我们走向成功！"

如果你做到了这两件事，那么大局就会稳定下来，今后各项工作的有效开展也就有了基础。

"真是听君一席话，胜读十年书啊！"L校长感慨道，"我一定遵照您的教诲，不辱使命！"

按照Z校长的指点，L校长果真旗开得胜，马到成功！他不仅很快打开了工作局面，站稳了脚跟，而且深受干部教师的欢迎。现在，他真有点"春风得意马蹄疾"的感觉了！

（作者为江苏省铜山县郑集实验小学教师）

清林小学的六个教育细节

杨勇

"天下难事，必作于易；天下大事，必作于细。"教育既是难事，又是大事，学校教育既要"作于易"，简单好实践；又要"作于细"，细节能致远。我校努力做好小事和易事，为孩子们营造出"天朗气清，地润成林"的教育环境，让孩子们自由的心灵拥有一个美丽的故乡。

细节一：天然"空调"之爬山虎墙

南方的酷热天气，让人们对绿色和阴凉有着更加热切的盼望。为此，当年学校竣工时，我们就种下了爬山虎的幼苗。从那时起，爬山虎幼苗每天都在悄无声息中延伸生命的线条，绕过光滑的玻璃窗，躲过突出的障碍物，为学校的每一栋楼、每一面墙都"量身定做"了纯天然的衣裳。这件绿色的衣裳成了天然的"空调"，为师生带来了凉爽。在享受这份清凉的同时，孩子们观察爬山虎，写下了《爬山虎的脚》《绿色的清林》《爬山虎与我同长了六年》等文章。还有更细心的孩子，看到爬山虎为了不断生长，总是将"头"蜷起来，不露锋芒，从中体悟出爬山虎生命的隐忍与顽强。

细节二：自然乐园之山水长廊

每个孩子都有亲近自然、参与游戏的强烈欲望，而现代城市生活却让他们离这些越来越远。为了让孩子们爱玩的天性得到释放，我们修建了"山水长廊"和"儿童乐园"。在学校教学楼旁长长的林荫小道上，我们专门为孩子们建了沙池。在低年级活动区，绿树掩映着由各种各样的游乐设施组成的"儿童乐园"，孩子们在其中自由玩耍。在一楼架空层旁，我们建了一条有假山、流水、小桥、观景平台的"山水长廊"。孩子们不出校园就可以看到荷花绽放，见到溪水流淌，听到蛙鸣阵阵……在沙池里摆弄自己创作的作品，在"儿童乐园"里捉迷藏、玩滑梯，在"山水长廊"中看"小蝌蚪找妈妈"。

细节三：果实飘香之校园采摘

校园里有花香，孩子们会惊喜；校园里有果实，孩子们会畅想。学校在开办伊始就"深谋远虑"，种植了多种果树。校园四季都有果实挂在枝头，春天有金黄色的枇杷，夏天有紫色的葡萄、浅黄色的芒果，秋天有树菠萝，冬天有苹婆。孩子们从不忍心在果实尚未成熟时就去采摘，他们总会精心呵护、耐心等待果实成熟。可当枇杷成熟的时候，小鸟们总是捷足先登，让孩子们很少能品尝到枇杷的味道。当然，小鸟唧唧喳喳的鸣叫，带给孩子们的是另一种幸福的滋味。葡萄成熟的时候，孩子们可以亲手采摘，体会丰收的喜悦。看着果实一天天长大，重重地压弯了树枝，孩子们感受到了成长的力量。学校还有一些不知名的果实，引来小鸟在高高的树上筑起鸟巢。对于孩子来说，这就是人与自然和谐相处的画面。

细节四：安全港湾之读书长廊

孩子和家长都希望学校是像家一样温暖、幸福和安全的地方。每天放学后，总有一些孩子不能被家长准时接走，只能在校门口无所事事地晃荡。为了让家长们放心，让孩子们有事做，"读书长廊"应运而生。

为了让孩子们喜欢"读书长廊"而"常来坐坐"，学校在建设长廊时根据孩子的特点做了两方面的设计。一是长廊不用柱子，而是采用斜拉式的钢索拉住防腐木做的花架，花架上长满了绿色的植物，非常漂亮。二是用结实厚重的防腐旧船木做了四套形状各异的桌椅，将其整齐地摆放在绿荫下，吸引孩子们三五成群地围坐在一起，或读书，或写作业，或下棋……

结果怎样？正如孩子们描绘的那样，放学后，夕阳透过廊顶的绿荫，洒下斑驳的光，映衬着他们的笑脸，这实在是令人心动的美丽景象！

细节五：机会平等之"提问签"

为了在课堂上给学生均等的发言机会，我们设计了"提问签"。"提问签"的使用简单方便：每次提问前，教师先从粉红色的盒子里随机抽出一支学生姓名签，让这个学生回答问题。凡被抽到过的姓名签即被放在蓝色盒子里，待每个学生都轮完一次后，再"循环"使用。现在，即使那些性格内向、不敢举手的孩子，也有机会让老师和同学们"听听我是怎么想的"。更重要的是，通过小小的"提问签"，每个学科的教师都可以响亮地叫出每个孩子的名字。这让每个孩子都相信，老师在课堂上从未将自己遗忘。

细节六：个性张扬之"开涮"校长

对学生真正的爱，是给予他们自由发展的空间，鼓励他们个性化发展。这也是清林小学的"个性"。

要让学生童心飞扬，最重要的方法就是尽量少设禁区，鼓励孩子们大胆创新与想象。为了设计代表学校的女生"清清"和男生"林林"的形象，孩子们充分发挥想象力，创作了别具一格的画作。我们将这些画作集成了两幅巨画，挂在教学楼的两边，时刻彰显着孩子们的飞扬个性。

清林小学的孩子们最得意的作品，是他们在清林晨曦校园电视台设计的校长和老师们的卡通形象。他们拿校长和老师们"开涮"，将其设计得非常"滑稽"，而不是人们心目中"师道尊严"的模样。让孩子们没想到的是，这样的"杰作"得到了老师们的真诚鼓励和由衷欣赏，并成为校长的"收藏"——清林小学鼓励孩子从小就有挑战所谓"权威"的勇气和胆量。

（作者为广东省深圳市清林小学校长）

让校长室成为离学生心灵最近的地方 尚海涛

　　一个很偶然的机会，我在校园文学社发现一名六年级女生的文笔很好，于是拟了一个题目请她写些东西。第二天，文章如约出现在我的办公桌上，同时出现的还有一张小纸条。

　　尊敬的老师您好！我害怕进校长室，总感觉里面有一种冷淡的气氛。怎么办呢？我拉着胆大的同学一起来的。您的办公室里没有人，她就帮我把文章放在您的办公桌上了。我真佩服她的胆量，她去校长室就像串门儿一样！

　　看着这张小纸条，我陷入了沉思。在孩子们的眼里，校长室真有那么"恐怖"吗？它怎么会和学生有那么远的"距离"呢？躬身自省，这张小纸条折射出我们在教育管理中的大问题。

　　德国一所公立小学曾对 1990 年毕业于本校的 300 名学生进行了长达 15 年的成长追踪，发现了一个非常有趣的现象：300 名毕业生上完初中、高中和大学，并陆续走上工作岗位后，得到提拔重用的有 68 人，而令人难以置信的是，在这 68 人中，当初在小学读书时有 33 人给校长写过信，有 20 人与校长共进过午餐，有 12 人参加过学校组织的演讲活动。也就是说，这 68 名最先得到社会认可的学生大多在上小学时就与校长有过接触。这所小学的校长和教师经过反复分析和研究，得出一个结论——凡是在上小学时就结识校长的人，一般具有 3 个特征：一是不怵权威，二是善于与人沟通，三是乐于在"大人物"面前表现自我。

　　从这个小故事中，我们能够深切地感悟到，对于学生来说，校长本身就是一笔十分生动的教育资源。可我们做得怎样呢？很多时候，我们已经习惯了"校长抓中层、中层抓一线、一线抓学生"的管理模式。在这种层次分明的管理模式下，有些学生上了半年学仍不认识校长，有的教师甚至一两个月都见不到校长，更不要谈沟通和交流了。

有些学校的校长室设在比较隐蔽的地方，周围既没有教师办公室也没有教室，无书声之乱耳，无琐事以劳形，"图的就是安静"。这样，环境是安静了，可是校长和师生之间的距离却拉大了。空间距离带来心理上的距离感，渐渐地，校长室成了"禁区"，校长自然也就"高耸在了云端"。笔者认为，校长室要设在师生经常经过的地方，这有利于校长观察学生，"主动出击"，也有利于师生亲近校长，方便彼此之间的交流。

对于大多数学生而言，校长室是学校"首脑"所在地，是整个校园里笼罩着神秘色彩的一方"禁地"。即便一些学生有与校长交流的念头，往往也会因为内心的胆怯而偃旗息鼓。因此，校长对待学生的态度就非常关键。这需要校长做好做细平时的工作，无论在校内校外、课上课下，面对学生时都应该和蔼、平等、真诚。有了心灵的空间和自由，学生自然就会愿意走进校长室、走近校长。

引领学生走进校长室的另一要素是让学生有事可做、有话可说，解决"走进去做什么"的问题。学校可根据实际情况设置每周一两次的校长接待时间。无须规定人数，不必指定班级，校园里的任何一员都可以走进校长室与校长进行面对面的交流。学校可以给学生推荐一些话题，例如"成长中的烦恼"、"我的梦想"、"校园建设小建议"、"我最喜欢的课堂模式"、"我设计的校服"、"我为母校写校歌"、"校园不良现象之我见"等，让每一个孩子都有机会在校长面前崭露头角。

对于一个孩子来说，走进校长室是一种挑战，更是一种成长！校长的真诚肯定、积极鼓励，会有效地帮助孩子树立"我能行"的自信心。让学生从儿童时期就懂得自己有权利也有能力和"大人物"（对校园内来讲）平等对话，能通过自己的言行使环境得到改变、想法得以实现，

是何等宝贵的一种收获！

　　校长室不应是学校的"禁区"，校长也不应成为学校里的神秘人物。让我们敞开校长室的大门，敞开一颗宽厚、平和、仁爱的心，伸出我们的双手，满怀热情地拥抱每一个活泼可爱的孩子吧！

　　　　　　　　　　（作者为山东省肥城市王庄镇演马小学校长）

用信息技术解安防难题

林
业

近年来，学生安全事故不断，社会反响强烈，中小学校长如履薄冰。如何借助信息技术，加强校园安全监控和防护，保障师生的人身安全？以下六法不妨一试。

一、警校联动

我校安装了一套先进、完备的电子监控系统。通过这个系统，校园各个方位的情形尽收眼底。一旦校内某处有情况发生，监控中心的保安立即通过对讲机通知在校内巡逻的安保人员在第一时间赶赴现场查看或处理。监控系统中的关键部位，比如，校门口的监控探头，校园围墙上安装的红外线对射防盗报警系统，还与110报警中心实现了联动。一旦学校发生突发事件，110指挥中心便能在第一时间联系学校附近的民警赶赴现场进行紧急处理和救助。

二、平安短信

"李先生：您的孩子已顺利抵达学校。"看完这条短信，李先生心里的石头终于落地了。

孩子是否平安到校？上学期间是否擅自外出？放学后是否准时离校？这是每位家长时常挂念的事情。有了平安短信，这些问题得到了较好的解决。闻堰镇初中的平安短信是借助中国移动的校讯通平台发送的。学生在进校或离校时只需将校卡在刷卡机上轻轻一刷，一条手机短

信就能将学生的到校、离校情况及时通知家长。

杭州的某些学校，甚至还将平安短信用到了校车上。学生在上下车时刷卡，短信即可通知家长孩子已上车、下车，帮助家长了解学生的交通安全状况。此外，通过平安校车位置系统，家长们可通过发送短信查询子女乘坐的校车到达的具体位置，这也给需要定点接送孩子的家长提供了便利，从而真正实现了家校之间的"无缝对接"。

该短信平台具有群发功能，学校还可以利用该平台发布通知、要求等。不仅省时省力，而且效率很高。

三、亲情电话

学生在校期间一般不适宜携带手机，但有时确实需要与家长进行沟通，教师有时也需要与家长进行语音沟通和交流。

有了亲情电话，师生只需要在特设的电话机上刷卡，便可以与事先录入系统内的亲情电话实现通话。这种亲情电话具有单向语音免费通话（即学校拨打家长的电话）和家长短信留言的功能。刷学生卡只能与预设的亲情电话号码实现通话，而刷教师卡则能够与所有学生的亲情号码实现通话，也可直接与系统外部的其他号码实现通话。

在亲情电话无法接通的情况下，学生可以选择让家长接收语音留言或短信通知，家长在收到留言或短信后可以通过亲情电话系统给孩子语音留言、交代相关事项。下课后孩子只需在学校电话机上再刷一下学生卡，便能够从电话终端上直接听取家长给自己的语音留言。

四、智能巡更

学校安保人员需要对学生宿舍、教室、办公室及部分关键地点进行巡查管理。为了确保安保人员能够定时、定点巡查，我校借鉴部分小区物业管理的做法，引进了电子巡更管理系统。

电子巡更管理系统由数据记录部分、数据传输部分和数据处理部分组成。学校只需在监控中心的某台电脑主机上安装一套电子巡更管理系统，安保人员手持便携式巡更器进行巡查，每巡至一个点位，将电子巡更器接触该点位触点读取相应的信息数据，就能把到达该巡查点的时间、位置等数据自动记录在巡更器上，在完成全校范围内的巡查后，各点位的数据便被储存在电子巡更器内。

巡查结束后，巡查员将电子巡更器交至监控中心，由巡更管理软件进行处理就能得到巡逻情况核查表，显示出该巡查员巡查的路线、到达每个巡查点的时间和地点名称，并按照要求生成巡检报告，在必要时可要求巡查员对漏查点进行补巡。

五、声波探测

在维护校园安全的同时，不能侵犯学生的隐私权，因此在学生宿舍或卫生间等地方是不能安装摄像设备的，但现实中却有相当多的安全事件都是在这些地方发生的。如何解决这一难题？安装一套声波探测系统即可轻松解决此难题。在声波探测区域内，只要声音超过了一定的分贝，该探测系统就会发出警报，安保人员就会根据情况赶到现场查看解决，从而有效防范校园安全事件的发生。

六、班级信息显示器

在很多学校，一到放学时间，家长就堵在校门口等着接孩子。这不仅影响交通，而且存在安全隐患。为了解决该问题，有的学校在大门口设立了一个很大的班级信息显示器，显示器上显示各班级现在正在上什么课，是否已经下课，何时放学。家长来了一看，就知道自己孩子所在的班有没有放学。如果孩子还没有放学，那么家长就可以到校园旁边找地方休息，而不必都挤在校门口了。

班级信息显示器一端连着学校信息中心，一端连着班级。教师上下课前，只要在班级信息接收器上刷一下卡，这个班级是哪位教师在上课、上什么课、何时下课等信息就会自动传到学校信息中心，并显示在校门口的班级信息显示器上。放学了，值日班长只要在班级信息接收器上按下按钮，该班放学的时间就会呈现在班级信息显示器上。

（作者为浙江省杭州市萧山区闻堰镇初级中学教师）

从"南塘十三条"看学校的议事制度 孙刚

现在，许多学校在民主管理方面做了很多有益的探索，教代会议事制度逐渐建立。但教代会议事时，经常出现以下现象。一是"定基调"。会议开始时，学校领导就陈述自己的观点和看法，定下"基调"，然后让大家再谈。这常常使得一些人察言观色，因怕得罪人而"随大流"。二是"野蛮争论"。发言者抓住别人言语中的漏洞不放，双方激烈争论，喋喋不休，导致会场秩序混乱。

针对开会时经常出现的一些问题，曾留学美国、任阿拉斯加大学学生议会议员的袁天鹏，回国后成立了一家专门推广"罗伯特议事规则"的公司，并在安徽省阜阳市南塘村进行了试验。根据中国国情和农村的实际情况，他把582页的《罗伯特议事规则》删减成了"南塘十三条"。从南塘试验反思学校的议事制度，我们可以得到一些启示，并以此解决学校议事中存在的实际问题。

启示一：让主持人"有口难言"

"南塘十三条"的第一条就是针对主持人的：会议主持人专门负责宣布开会制度、分配发言权、提请表决、维持秩序、执行程序，但主持人在主持期间不得发表意见，也不能总结别人的发言。另外，第十一条提出：如果主持人有表决权，则应该最后表决。

这里的主持人，特指处于强势地位的领导。在南塘试验的时候，村民不理解为何要求主持人不能总结。在他们的经验中，领导主持会议，最后都要做总结性的发言。袁天鹏解释说，"罗伯特议事规则"里的主持人是不发表个人意见的。为了说得更清楚，袁天鹏还举了香港立法会主席范徐丽泰的例子。有记者问范徐丽泰："你高居议会之巅是什么感受？"她回答："有口难言。"记者又问她："你解决争议的原则是什么？"她回答："是否符合议事规则。凡是符合议事规则的，必须让他说下去；凡是违反议事规则的，就要阻止。我的职责就是让会议顺利进行。"

细细想来，一些学校出现领导首先发言"定基调"的原因可能有二。

一是学校长久以来形成的惯性。在一些学校，不管什么会议，都是由领导先讲话，而且几位领导讲话的顺序也是不能乱的。一些布置工作的会议，领导先讲无可厚非，但德育研讨、教法交流等会议往往也变成领导说教会，教师的话语权被剥夺。久而久之，学校就形成了一种不成文的规矩，什么会议都由领导先说，领导也习以为常了。

二是领导把教代会议事制度当成决策合法化的工具。一些领导担心决策不能顺利通过，所以先定下"基调"或进行暗示。一些教师迫于领导的强势地位，只能"屈从"。

学习南塘试验的经验，就是要有效防止"定基调"的情况出现。我们应打破传统，让领导的发言后置，或不让其发言，让其"有口难言"。这样可以从制度层面防止领导的强势地位对其他人产生心理暗示或不利影响，也只有这样，教职工才能畅所欲言。

启示二：从"野蛮"走向"文明"

要防止"野蛮争论"，首先要制定规则，让议事有序进行。"南塘十三条"的第三条规定：发言前要举手，谁先举手谁优先，但要在得到主持人允许后才可以发言；发言时要起立，别人发言的时候不能打断。第五条规定：每人每次发言时间不超过两分钟，对同一"动议"发言，每人不超过两次。第八条规定：主持人应尽可能让意见相反的双方轮流得到发言机会，以保持平衡。

要发言的人必须经过举手、被允许、起立三个环节之后才能发言，看起来不太自由；轮流发言、不超过两分钟，似乎不自在。但就像交通法规一样，只有大家都遵守规则，才能维护正常的交通秩序，上述规定就是为了确保发言能有序进行。为了保障"合法"发言人的发言不受干扰，第七条作了这样的规定：主持人可打断违规发言的人，被打断的人应当中止发言。

第四条还规定：尽可能对着主持人说话，不同意见者之间避免直接面对面地发言。面对主持人发言，可避免发言人言辞过于激烈或情绪化，避免矛盾激化、冲突升级。

其次，不能以道德的名义怀疑别人的动机。之所以这样要求，一是人的动机不易证实，且个人在不损害他人利益的前提下，追求利益最大化并不为过；二是会议要讨论的是某件事情，不是某个人，对动机的怀疑和揭露会使议题偏移。第十条规定：不得进行人身攻击，只能就事论事。

笔者曾经历过这样一次教代会，教师代表们就某一学科该不该也安排早读一事进行讨论。教师甲面带愠色地对教师乙说："你只考虑你们学科，把这门学科的成绩搞上去，多拿点奖金，但那么多其他学科怎么办？不能只为自己着想呀！"他的话音未落，教师乙便拍案而起。两位教师争得面红耳赤，会场秩序霎时混乱，结果大家不欢而散，会议议题也被搁置了。这场"野蛮争论"的发生，是因为教师甲从"议事"变成了"议人"，用道德的名义去怀疑教师乙的动机，使教师乙觉得受到了侮辱，导致矛盾升级。

启示三："动议"让会议不再流于形式

一些学校在议事时，与会者往往指责多、抱怨多。会议结束后，什么问题也没有解决。对此，"南塘十三条"的第二条提出：会议讨论的内容应当是一个明确的"动议"。"动议，就是行动的建议！"它有两个特点。

一是议题必须具体、明确。例如，在讨论个人所得税问题时，议题设为"如何完善个税制度"是不行的，而要明确为"把个税起征点调整到3000元"，使提议有更强的针对性和可操作性。

当前，许多学校都在制订奖励性绩效工资的分配方案，在一次讨论"学校课时津贴如何发放"的会议上，有的教师认为"学校原有的课时津贴发放标准太低"，有的教师认为"应提高学校的课时津贴，调动一线教师工作的积极性"，可就是没有人提出课时津贴的新标准，拿出具体的解决方案。

二是一个时间段内只讨论一个议题。在讨论奖励性绩效工资分配方案时，某教师提出"应提高班主任的津贴，调动班主任工作的积极性"，另一位教师则提出"名特优教师的津贴不宜多"……大家你一言我一语，提出一大堆问题，会场气氛非常热烈，可结果是一个问题也没有解决。这是因为，一个议题刚提出，大家还未来得及思考，思维又被另一个议题牵走了，缺少思考的时间与空间，讨论也必然难以深入。而如果在一个时间段内只讨论一个议题，每个议题都形成一个代表多数人意见的表决结果，则会议一定是高效的。

某一"动议"被提出后，要有人附议，才能交由会议讨论。大家对此提出自己的意见或修改建议，使这项"动议"更加合理、完善。在得到多数人的赞成后，此动议才能通过。

学习南塘试验的经验，我们可以更深入地反思学校议事制度存在的不足，使学校的议事制度不仅有"形"，还更有"神"，从而使学校的民主管理之路走得更加稳健和踏实。

（作者为江苏省南京市六合区横梁镇初级中学教师）

学校危机信息公开策略

朱科蓉

　　急剧的社会变迁使中小学校所处的内外环境日益复杂，各种危机事件层出不穷。学校危机具有爆发的突然性、情境的不确定性、时间的紧迫性、破坏的强烈性和社会的敏感性等特点。信息公开是学校危机应对的一项非常重要的措施，通过公开相关的事实信息，可以满足公众了解事实真相的需要，稳定公众的情绪，引导公众乃至整个社会积极参与危机应对。学校危机信息公开应采取以下策略。

一、公开的主体：由发言人统一对外发布信息

　　学校危机事件发生后，由于各种信息还处于不确定状态中，不同的人所掌握的信息也是不一样的，因此有必要指定专人负责对外公开信息，统一对外公开信息的口径。要让每个员工都知道由谁来担当发言人，告知员工把记者的问题转给发言人处理。对外发言人可以是校长，也可以是学校指定的其他人。例如，台湾《校园自我伤害防治手册》要求学校成立危机管理小组，小组成员包括召集人、总干事、发言人、法律顾问等人，其中，发言人由校长任命，负责收集完整的资料，统一对外公开信息。发言人的工作重点包括：①与召集人或总干事讨论，结合每天的伤害事件处理工作报告与各小组的危机处置工作状况，统整相关信息，撰写发言稿。②接受媒体采访，接受采访时要以礼相待。③不刻意隐瞒负面消息，要把事件背景与处理策略主动说清楚。这要求发言人对学校的各项事务比较熟悉，对所发生的危机事件比较了解，同时有很好的表达能力和应变能力，能够把危机信息客观、准确地向公众公开，

并能够随时应对学生、家长、媒体等提出的不同问题。

二、公开的策略：全方位公开与重点公开相结合

不同的人群在危机事件中所处的境况不同，心理状态不同，信息需求也不同，因此，在公开信息时，应该根据人们卷入危机的不同程度确定先后次序，选择全方位公开与重点公开相结合的方式：或是将危机信息向有关人群全部公开，把相关信息优先提供给那些与危机关系较为密切的人群；或是根据不同人群对危机事件的关注点来重点公开信息。

学校一定要处理好与媒体的关系。香港教育局学校行政支援分部教育心理服务组编写的《学校危机处理》，对学校如何处理与媒体的关系提出如下建议。①将学校委任的发言人的姓名及联系方式及时告知媒体。②将媒体采访的时间和地点及时告知媒体。地点要远离学生和危机范围，并安排人员接待。③预测记者的提问。在采访前，学校可以向记者索取问题及采访焦点，并做好相应的准备。④给自己留时间。发言人在会见媒体前，需给自己留出足够的时间思考如何应对记者可能提出的问题。学校在回应媒体时，应该避免以下情况。①不要求媒体保密。向媒体透露不便公开的资料时，应要求其保密。②因受压而披露详情。若事件尚在调查中，不能因记者施压而提供事件的大量细节。有时候简略的回应比详细的回应更为恰当。例如："我们正在与警方紧密合作，为事件所涉及的证人录取口供。"③说"无可奉告"。这样的说法会给公众一个不好的印象。发言人可以这样表示："事件正在调查中，现阶段不宜作出评论。"

三、公开的内容：以事实信息与行动信息为主

事实信息主要包括学校危机事件发生的背景、过程和结果。在公开

事实信息时要注意两点。①公开的信息必须是真实的，而不是虚假的。只有真实的信息，才能正确引导人们在危机事件中保持理性，采取合适的自救行动，不产生过激反应和行为。由于学校危机事件一般都是负面事件，因此一些学校和相关部门往往从自身的利益出发，否认危机的存在，或者编造、歪曲事实。以在四川省达县发生的"中国校园系列强奸第一案"为例。罪犯杨传山自 2001 年 4 月起，在四川达县的一些中小学校园内疯狂作案 19 宗，强奸女生 15 人，直到 2003 年 5 月 9 日才被抓获。在这一系列案件中，学校瞒报和缓报案件的现象普遍存在，导致破案的最佳时机被延误，也导致更多的学生受害。②公开的信息必须是已经证实的，而不是还需要调查和正在研究的。在公开信息时，要坚持以已知事实为依据，只公开确切的信息。对于还在调查和研究的问题，绝不能主观臆断，提前下结论，否则会使当事部门陷于被动，损害其公信力。对于一些还不确定，但又是人们极为关心的问题，要坦陈自己与公众在情感上的共鸣："这个问题目前还没有答案，大家心里很着急，我们也一样。因此，我们会加紧工作，一旦有新的进展，会及时向各位通报。"

行动信息主要包括学校危机事件发生后，学校和相关部门已经采取和将要采取的应对行为，以及建议学生、家长等利益相关者采取的应对行为。从心理学的角度来说，身处危机中心的学生及其家长一般会表现出恐慌的情绪，抑制恐慌的最好办法就是提供具有可操作性的行动信息。对那些远离危机中心的公众也应该提供一些简单的行动建议，让他们有防范危机发生的心理准备。这些行动信息应该是简单的、易操作的。比如，2008 年 3 月上旬在我国一些地区流行手足口病后，一些学校给学生及其家长提供"饭前便后洗手、多开窗户通风、用开水消毒、戴口罩"等建议，这些建议既简单，又容易操作。

四、公开的表达方式：口径统一、简明扼要

学校公开信息要求做到口径统一、简明扼要。所谓口径统一，是指学校及相关部门公开的信息应该是上下一致、内外一致、前后一致的。信息的不一致会增加公众的焦虑情绪，并且降低他们对政府和学校的信任度。我国在长期的计划经济体制下，形成了依靠自上而下的行政命令来对社会事务进行控制的制度，遇到危机时多采用"内外有别、内紧外松"的策略，认为危机信息会引起社会恐慌，不利于局面的控制，因此，危机事件的真实情况在部门内部是非常明朗的，但在向社会公布时，却完全变了样。事实上，这样反而会造成人们更大的恐慌和猜疑。

公开的信息要简明扼要。因为在危机期间，大多数人没有耐心听取长篇大论的报告或者进行理性思考，所以学校及相关部门公开危机信息时应当多用通俗易懂的语言，尽量避免使用术语，应将一些专业信息简化为直观的文字、图表，同时不能遗漏重要的信息，以保证民众能够准确地接收和理解信息，避免由于对信息接收的偏差而导致对危机作出不适当的反应。过于专业化和繁杂的语言不仅会妨碍人们对信息的理解与接受，而且会增加公众的焦虑情绪，使他们变得更加不知所措。美国传播学者认为，公开的信息应是"六年级水平的信息"，即小学文化程度的人都能听懂的信息。比如，学校流行手足口病后，只需告诉学生及家长"手足口病是由多种肠道病毒引起的传染病，以婴幼儿发病为主，主要症状有发热和手、足、口腔等部位出现皮疹或疱疹"，而不需要告知"引起手足口病的肠道病毒包括肠道病毒 71 型（EV71）和 A 组柯萨奇病毒（CoxA）、埃可病毒（Echo）的某些血清型"等过于专业的术语，这些专业信息对于引导学生及其家长预防和救治手足口病并无益处，反而会加深人们对这种传染病的恐惧感。

五、公开的时间：第一时间公开与实时公开相结合

平时在传递信息时一般要求做到"5W1H"6要素俱全，即何时、何地、是什么、为什么、谁以及如何做，而且要表示清楚。但在危机事件中，应该采取第一时间公开信息的策略，即危机事件发生后，即使上述6要素不能完全准确说清楚，也要在最短的时间内主动向相关人员公开信息，使学校和相关部门成为权威信息源。新闻传播学揭示过一个规律：没有你的声音，就会有别人的声音。你主动提供信息，你就成了信息的主渠道，公众就会把你作为主要的信息源，别人的声音就无足轻重了；你在第一时间提供了信息，就能先声夺人，而不会在不利信息满天飞的时候再被动地辟谣。从心理学的角度看，在日常生活中，我们常常强调"第一印象"的重要性。同样的道理，危机公开也应遵循第一时间的规则。调查表明，大多数人在接受信息时有"先入为主"的趋向，即人们更愿意接受第一时间得到的消息。

学校向有关人员传递信息的速度其实是学校对危机的反应速度的一种象征，它说明学校已经意识到危机的发生，学校的应急预案已经启动，事态正在逐步得到控制。学校不能等到问题全部搞清楚以后才发布信息，重要的是向有关人员表明学校已经启动了相应的机制来处理危机。如果人们无法从学校得到任何消息，那么就会认为学校未能对危机作出及时的反应，从而对学校失去信心。任何未能及时发布的信息都会成为所谓的"零信息"。2003年2月25日中午，清华、北大餐厅发生爆炸，两所学校都在第一时间将事情真相向相关人员公开，从而稳定了师生和家长的情绪，杜绝了小道消息的滋生与传播，使学校迅速恢复了正常的教学秩序。而在2003年3月19日上午发生的辽宁省海城市学生豆奶中毒事件中，危机事件发生20多天后，当地政府才召开新闻发布会正式对外公布信息。这种迟到的信息公布行为引起了家长及社会的极

度恐慌与极大愤慨，不仅延误了学生的救治时间，而且彻底损害了当地政府的形象。

实时公开信息，是指学校及相关部门对危机信息的随时披露、跟踪披露、全程披露。危机的发生发展以及处置活动都是动态的、变化的，需要相关部门进行持续的信息披露。实时公开信息一方面为相关部门的决策提供了支撑，另一方面也使民众能够随时了解到危机的发展情况以及救援的进展情况。学校及相关部门对危机信息的实时公开，反映了其对危机的动态管理意识。

危机信息的实时公开，要求学校及相关部门建立比较完备的危机信息管理系统和流程，能够对危机状况进行及时的收集、沟通与分析。例如，台湾学校危机管理小组中的资料组就是专门负责危机事件的数据记录与汇总、呈报事件处理报告、处理相关各项通报事宜的组织。另外，台湾的学校还建立了24小时通报系统，成为危机处理小组的紧急联络网。联络网必须24小时畅通，应对紧急状况。联络网以类似联络树的方式，由上而下或由下而上彼此传递信息。香港也要求学校建立电话联络网，目的是让教职工即使是在非上课的时间，也能尽快掌握初步得知的重要资料，为应付危机做初步的准备。电话联络网应包括校内所有教职工的联络电话号码，如日间及夜间联络号码、家中及工作地点联络号码、固网及移动电话号码等。电话联络网应列明有哪几种联络方式、联络谁、何时联络、联络不上时的做法等。电话联络网每次使用后都要重新核对、修正，务求运作时简单而顺利。

实时公开信息的一个比较成功的案例是台北市西松"国小"发生的校园SARS疑案。危机发生的当天（5月8日中午），学校就向全校师生及家长公开了此事；5月9日学校举行SARS汇报会，详细讨论已处理措施、后续待处理及需加强处理的事项；5月10日、11日，虽是假日，但学校对隔离师生的关怀及相关数据的收集依然持续不断；5月12日中午学校再度举行汇报会，再度给全校学生家长发出一封公开信，同时于学校网站中再度发布事件发生时和发生后的处理情况；5 月 13 日学校从传真来的诊断书上得知该生并没有患上 SARS 后，立刻告知相关人员，并通知全校师生。在这起危机事件中，西松"国小"的全体师生几乎每天都能了解到最新的情况，而且每时每刻都能感受到学校的关心。

六、公开的途径：多渠道公开信息

学校及相关部门要充分利用每种信息公开渠道的优点和相关人群可利用的信息沟通渠道，尽量通过多种渠道向社会有关人员公开信息。随着传播媒介的发展，信息公开的渠道越来越多，包括电话、电视、网络、邮件、短信、书信、手册等，每种渠道都有其优点。使用多种渠道能将危机信息更快、更全面地传达给有关人员。

当然，学校危机信息公开不仅仅指危机发生前后的相关信息公开，更应该将其扩展到整个学校危机管理过程当中去，如加强危机教育、编制各种实用的危机应对小册子等，都是危机信息公开的不同形式。

（作者为北京联合大学应用文理学院管理学博士）

媒体沟通：学校管理者的必修课 曾国华

一次，和一些来京参加培训的校长们聊天。他们大倒苦水，痛述媒体如何破坏教育者的良好形象，其中亦不乏他们与媒体打交道的"血泪史"。

作为一个教育记者，笔者非常理解这些校长的"痛"。学校需要安静，但学校也必须勇于面对复杂的社会和多样的媒体。在教育日益成为媒体的重点关注对象时，提升媒体沟通力就成为学校管理者的必修课之一。

一、学校管理者要"善解"媒体

媒体有其自身的运作规律和社会功能，学校管理者应对媒体以及媒体与学校的关系有比较理性的判断和把握。

一些学校管理者害怕与媒体打交道，尤其在学校发生食物中毒、校内意外伤害、群体性流行病感染等突发性事件时，更是试图控制师生言论，不让"校丑"外扬。但在信息发布渠道多样化的时代，这显然是一个难以完成的任务。出了事，"一捂二躲三推四压"，不及时披露事件真相，是一种不懂媒体运作规律和公众心理的不明智举动。

为了不让一件本来不是很大的事情经过媒体的炒作而变得不可控制，学校管理者必须主动与媒体沟通，而不是捂盖子，造成舆论失控。近年来发生的群体事件证明，让媒体和公众了解事件真相，当事方会更容易得到公众的理解和支持。

二、学校管理者要"善待"媒体

不轻视、不敌视媒体，以真诚的态度对待记者采访，以宽容的心态、理性的方式对待媒体监督，是学校管理者应秉持的基本态度。

忌"无可奉告"。突发事件发生后，媒体闻讯而至，学校管理者是"无可奉告"还是"坦诚相告"，对学校形象的影响是截然不同的。拒记者于校门之外，无异于放弃话语权，任由小道消息漫天飞扬，甚至导致谣言四起。学校正确的做法应该是最大限度地公开信息，不回避问题，不说谎话，也不推诿塞责，让谣言止于公开。

忌信口开河。近来，有三句话引起公众关注，造成很坏的影响。一是山东省临朐县一名学生被冻死在校园内的排水沟里，一名教师竟称孩子死得"很安详"、"很舒坦"。二是广东省兴宁市一些学校被曝光违规补课，一位教师对记者说："《羊城晚报》管不了我们，我们这里只听教育局的，课照补，钱照收。"三是吉林省农安县一名男生在校内被打得鼓膜穿孔，记者去了解情况，校长大声指责记者"多管闲事"。

面对媒体时，学校管理者要谨慎、理性，不要以"多管闲事"斥责记者，也不要轻易以"校长不在"为由打发记者。也许很多人都没有意识到，"无可奉告"、"多管闲事"这种话语，往往是媒体最"喜欢"的，它们肯定会出现在新闻报道中，对学校形象造成不良影响。

忌以势压人。一位在全国颇有影响的校长在接受采访时，因记者提了几个稍显尖锐的问题，立即勃然大怒，宣称要去找记者的领导。近年来，打记者、抓记者的事件频发，这是一种很不好的现象。能否善待媒体，是一个社会是否文明、理性的重要标志。

三、学校管理者要"善用"媒体

媒体并不总是让校长们难堪，如果好好借助媒体的东风，学校就能解决许多自身难以解决的问题，学校的办学理念和创新之举也能被广而告之。一些默默无闻的学校之所以成为名校，媒体积极的宣传报道功不可没。

当然，学校宣传必须有"料"。现在，有些学校的宣传常常夸大其词，广告味极浓，学校管理者对此应有所觉察。

学校如何与媒体沟通，美国校长的一些做法值得借鉴。比如，对所有的媒体一视同仁，要谦逊，有礼貌；宣传学校时，行文要谦虚，让别的校长信服；不要等到最后一刻才邀请媒体，要让记者对一个值得写下来的事件引起特别的、持续的关注；列出一个"学校自豪的事件"表，那将是很好的新闻来源，等等。

校长们只要不再如防火防盗般防记者，勇于、乐于、善于与媒体打交道，善解、善待、善用媒体，主动出击，坦诚相待，就必将在与媒体的沟通、交往中掌握主动权，让自己和学校的形象"亮"起来，为学校发展赢得良好的外部环境。

（作者为中小学管理杂志社编辑）

后　记

1987 年，《中小学管理》创刊，至今已经 25 年。此前几年，有三件大事发生：一是 1983 年邓小平题词"三个面向"，二是 1985 年中共中央颁布《关于教育体制改革的决定》，三是 1986 年《中华人民共和国义务教育法》出台并实施，由此开启了我国教育改革的大幕。这也是《中小学管理》创刊的重要背景。

25 年来，为了回应层出不穷的教育问题，教育理论与实践的话语体系变得更加多元而丰富：国家凝聚了"公平、质量与活力"的改革价值导向，选择了"转变教育发展方式"的路径；明确了"学生自主学习"、"教师专业自主"、"学校自主办学"、"教育家精神"等最为重要的教育共识，对教育主体的回归发出了理性的呼唤。

正是在这样的背景下，基础教育管理领域的概念大多数已经更新换代，"学校治理"、各类"领导力"、"学校核心价值观"、"特色发展"、"教育国际化"等，正在塑造着校长办学的新思维。

25 年来，《中小学管理》共发表了 9000 余篇文章，总体上忠实地记录了上述变化的伟大历程。本书只是从一个小的侧面挑选了四十余篇文章，试图从管理者的立场来看待不断变化的管理问题，体现了我刊在这些问题上的价值引领。

遗憾的是，受体裁、篇幅等因素的限制，大量优秀的文章未能选入。在本书出版之际，我们要真诚感谢所有给我们投稿、接受我们约稿的朋友们。你们的支持，是我们前进的动力，亦是此书成功的动力。我们要把这本书作为礼物送给你们，期待我们继续一路同行。

在这里，我要对我的同事们道一声辛苦。在编辑本书的过程中，大家精心筛选和再编辑，成就了本书。我要说，这是一支对教育抱有高度热情和使命感的团队，大家一直在教育理论和实践之间搭建桥梁，不断催生新的教育之"美"和教育之"好"。

感谢"源创图书"的吴法源兄，他为本书的策划、出版付出了大量的心血。感谢王莹老师、张万珠老师，在本书的编辑过程中，他们提出了大量的建设性意见，以扎实深厚的专业功底和一丝不苟的职业精神，提升了本书的质量。

由于编者水平有限，书中难免存在一些不足之处，敬请作者和读者朋友们谅解、指正。

愿本书能成为学校管理者的贴心朋友。

柴纯青

2012 年 11 月 21 日

出 版 人　所广一
责任编辑　何　薇
装帧设计　许　扬
责任校对　贾静芳
责任印制　叶小峰

图书在版编目（CIP）数据

学校管理者的五堂必修课／沙培宁，柴纯青主编
.—北京：教育科学出版社，2013.1（2023.7 重印）
ISBN 978 - 7 - 5041 - 7230 - 3

Ⅰ.①学…　Ⅱ.①沙…　②柴…　Ⅲ.①中小学—学校
管理　Ⅳ.① G637

中国版本图书馆 CIP 数据核字（2012）第 301486 号

学校管理者的五堂必修课
XUEXIAO GUANLIZHE DE WU TANG BIXIUKE

出 版 发 行	教育科学出版社				
社　　　址	北京·朝阳区安慧北里安园甲 9 号		邮　　编	100101	
总编室电话	010 - 64981290		编辑部电话	010 - 64989179	
出版部电话	010 - 64989487		市场部电话	010 - 64989009	
传　　真	010 - 64891796		网　　址	http://www.esph.com.cn	
经　　销	各地新华书店				
印　　刷	运河（唐山）印务有限公司				
开　　本	720 毫米 × 1020 毫米　1/16		版　　次	2013 年 1 月第 1 版	
印　　张	17		印　　次	2023 年 7 月第 9 次印刷	
字　　数	240 千		定　　价	49.80 元	